Charly Samson

Si BUGARACH m'était conté

nouvelle édition complétée en 2015

propriété de l'auteur

© 2016 LES ÉDITIONS DE L'ŒIL DU SPHINX
Collection Charly Samson et les Mystères de notre Temps n° 2
ISSN de la collection : en cours
Dépôt Légal : Août 2017
ISBN : 979-10-91506-71-7
EAN : 9791091506717
Les illustrations proviennent des collections de l'auteur.
La photographie de couverture est © Philippe Marlin.
Mise en pages: Sabrina Pamies

SI BUGARACH M'ÉTAIT CONTÉ...

LE BUGARACH

Il me semble que je l'ai toujours connu, immense et majestueux, dressé fièrement dans le paysage, où je le découvrais en venant de Carcassonne ou de Perpignan.

Je le voyais de près en empruntant la route qui serpente sur son flanc et descend ensuite jusqu'au petit village qui porte son nom.

Il retenait mon regard d'adolescent encore plus que les châteaux dont les squelettes semblent lui faire escorte en insistant sur les richesses et les tragédies de régions qui dans leur mémoire cachent de terribles souvenirs.

Lui aussi, le Bugarach, conserve des secrets dont il ne nous livre que quelques indices. Il les disperse dans des collines, dans des rivières, dans des forêts et dans de multiples sites qui abritent des mystères dont les réalités se perdent dans l'âme de légendes qui ne sont pas sans fondements.

S'il domine une vaste région, il affirme en être le maître et lance autour de lui des énergies et des vibrations qui sont autant de tentacules, sources et aboutissements de forces que nous ne pouvons pas maîtriser, mais dont peut-être nous dépendons.

C'est en parcourant ses sentiers, c'est en respirant cet air pur qui l'enveloppe et le fouette dans les colères de la tramontane que j'ai ressenti le désir de mieux le connaître. Il m'invitait à prendre conscience de la rude puissance de ses roches et de ses cailloux sous mes pieds. Mais en même temps, il me faisait lever les yeux vers le ciel où je voyais planer au-dessus de moi dans un symbolique ballet les aigles qu'il abrite

Je crois que je l'ai écouté et que je l'ai entendu. Je l'ai découvert encore plus vaste dans sa dimension intemporelle qui lui confère dans l'espace de notre siècle des ambitions de mondialisation.

Ses tentacules se sont projetées bien loin pour qu'elles déversent autour de lui des rumeurs qui ne cessent de s'amplifier, d'alerter et d'inquiéter des populations. Bien des gens qui ignoraient jusqu'à son existence l'ont découvrent en 2012 et voient en lui un protecteur ou un sauveur. C'est que ces rumeurs affichaient des références d'autant plus impressionnantes qu'elles étaient en grande partie invérifiables et pouvaient être discutées.

Cette fois une peur, semblable à celle engendrée par une sorte de millénarisme, s'est universellement répandue en une longue traînée incontrôlable, s'amplifiant comme un venin de calomnie.

Imperturbable dans son silence assourdissant, le Bugarach était-il indifférent ou prenait-il un certain plaisir à vivre sa nouvelle promotion au rang de personnage mondialement connu ?

Pour l'interroger, il faut l'approcher, pas seulement sur son terrain matériel, en parcourant ses pentes et en affrontant ses sommets, mais dans sa véritable nature au-delà des apparences qui le figent sur des images d'une insolite beauté. Il faut l'écouter dans des récits qui bousculent notre raisonnement et nous font affronter l'invraisemblable, le fantastique et, peut-être, une autre réalité habituellement inaccessible.

Sans aucun préjugé il faut accepter de s'imprégner de ces récits sans toutefois les accepter ni les rejeter. C'est un exercice rempli d'ambiguïté, un exercice troublant aux péripéties inexplicables, aux méandres imprévisibles comme celles des rivières qui coulent à ses pieds. Des récits sans auteurs connus, des récits qui prennent des allures de légendes. Certains mettent en scène des personnages réels qui ont prouvé leur honnêteté, leur bonne foi et leur érudition ; mais aussi d'autres qu'il est difficile d'apprécier tant leurs comportements et leurs déclarations bousculent nos convictions. Imperturbable le Bugarach les laisse tournoyer dans son environnement qui devient de plus en plus insaisissable.

Lui-même vient de nous présenter un autre visage, celui d'un protecteur, d'un refuge et d'un sauveur. Est-ce là une facette de sa puissance ? Cette image correspond-elle à sa nature et à son destin ? Lui est-elle imposée arbitrairement par des illuminés, par des savants ou par des prophètes ? Je suis tenté de lui poser la question: « Qu'en pense-t-il ? » Me répondra-t-il, et comment ?

Ce nouveau visage est né bien loin dans l'espace et le temps. Une civilisation d'Amérique centrale, disparue depuis plus de cinq cents ans, a laissé des vestiges, des documents et des calendriers qui attestent une surprenante connaissance dans le domaine de l'astronomie. De Palenque au Guatemala, des sculptures, des inscriptions en diverses langues et des codex témoignent d'une intense activité littéraire aux bases historiques, mythologiques et prophétiques. La société Maya, au crépuscule de sa civilisation, a connu l'affrontement fatal avec notre civilisation qui ne lui a laissé aucune chance de survie. Heureusement, les écrits restent. Le plus important est le Popol-Vuh qui retrace depuis la création du monde l'histoire de l'humanité et du peuple maya. Ce texte a une valeur historique, peut-être prophétique, mais certainement poétique. La littérature maya contient des calendriers qui nous surprennent par leur précision astronomique.

Mais comment tirer des conclusions de déductions qui sont des interprétations ? Quand on constate comment on a fait annoncer n'importe quoi aux prophétise de Nostradamus et de bien d'autres, on ne peut que rester prudent lorsque des interprétations encore plus aléatoires annoncent des évènements nous concernant...

Les tentacules intemporelles des Mayas ont rencontré on ne sait trop comment celles de notre Bugarach. Des rumeurs sont nées lui conférant une mission qu'il ne soupçonnait probablement pas. C'est peut-être pour racheter le génocide perpétré par nos lointains ancêtres, qu'il lui est donné le rôle d'un Christ qui en un lieu semblable à l'arche de Noé, abriterait quelques spécimens de l'humanité tandis que tous les autres seraient anéantis.

La civilisation des mayas a connu « sa fin du monde ». La nôtre connaîtra la sienne comme la connurent l'Egypte, la Grèce et l'orgueilleuse et apparemment indestructible civilisation romaine. Les fins de mondes se succèdent et les humains s'adaptent à de nouvelles mentalités, à de nouvelles technologies et à de nouvelles religions. « Tout évolue par adaptations » affirme Hermès Trismégistes dans la Table d'Emeraude. La succession des siècles, des millénaires et des ères ne cesse de le confirmer…

Mais pourquoi, lors du cataclysme que certains annonçaient, en donnant la responsabilité de leur affirmation à des savants qui ne sont plus là pour éventuellement les contredire, pourquoi ont-ils fait intervenir la magnifique et paisible montagne du Bugarach ?
Quels liens ont été tissés entre une civilisation disparue et un pic solidement installé dans une région qui elle aussi rassemble de multiples éléments historiques, prophétiques et poétiques ?

Il n'est plus possible d'interroger les Mayas,
mais le Bugarach est à notre portée.

Je sais que certains de nos contemporains prétendent posséder le pouvoir d'entrer en contact avec des êtres qu'ils situent en d'autres dimensions. Je ne doute pas de la sincérité de quelques uns de ces « médiums », mais je connais des méthodes qui permettent très naturellement de créer des illusions que des gens de bonne foi prennent pour la réalité.

Pour interroger le Bugarach il me paraît nécessaire de toujours mieux le connaître en commençant par toutes les légendes, les histoires et les évènements surprenants qui foisonnent dans son massif, dans la mémoire collective et dans toute la vaste région qu'il domine majestueusement.

C'est un voyage rempli de mystères, de fantastique et de merveilleux que nous allons entreprendre.

Nous n'y parviendrons que « si Bugarach nous est conté ».

CHARLY SAMSON

Dans le village de Bugarach,

l'auteur devant le pic.

1

LE GÉANT DES CORBIÈRES

La situation géographique du Pic de Bugarach le place dans le département de l'Aude, au sud du massif des Corbières, au confluent des vallées de la Blanque et de la Salz.

De sa masse imposante il domine une région d'une magnifique beauté, une région chargée de vestiges historiques depuis les paysages sauvages du Razès, jusqu'aux plaines verdoyantes du Roussillon.

Nous découvrons le Razès à partir de la petite ville d'Alet qui accueillit jadis une très importante communauté juive, abri providentiel de réfugiés emmenant avec eux les drames de leur histoire et les mystères de leurs tragédies. Des personnages importants de toutes les époques ont parcouru ces terres, à l'ombre du Bugarach. Nostradamus cite plusieurs fois le Razès dans des quatrains étrangement révélateurs. Au cœur de cette région se trouve le petit village de Rennes-le-Château, aujourd'hui mondialement connu, mais autrefois un lieu important qui attira au long des siècles bon nombre de ceux qui s'appliquèrent à emmêler les fils multicolores des rébus de l'histoire des peuples.

Mais ce qui est apparent n'est probablement pas l'essentiel et nous devons écouter les rumeurs et les légendes, même si parfois elles nous paraissent invraisemblables. Nous les écouterons ensemble dans ce conte intemporel dont j'ai personnellement vécu et observé des épisodes inconnus du grand public ou rapportés par de faux témoins aux allures de conspirateurs. Des évènements exceptionnels ont eu lieu dont certains ont laissé des traces ; et d'autres se déroulent à notre époque dont je tiens à porter témoignage avec le maximum d'objectivité.

CHARLY SAMSON

De Rennes-le-Château, c'est en passant par Rennes-les-Bains et en remontant la Haute Vallée de l'Aude que nous prenons la direction de Bugarach.

Rennes-les-Bains est au cœur des mystères de cette région avec des noms de lieux, des curiosités, l'intervention de l'abbé Boudet, les bains romains, les anciennes mines d'or et, au pied du Cardou, de part et d'autre de la route, « le roc blanc » et « le roc nègre » soulignant les dualités qui se manifestent sur le terrain et dans le temps avec des éléments vérifiables et d'autres absolument irrationnels. D'une part, des récits s'appuyant sur des réalités historiques indiquent la présence de trésors matériels ; et d'autre part, des indices que nous étudierons affirment la présence de sublimes trésors spirituels, tandis qu'un rocher étrangement sculpté a pour nom « le fauteuil du diable ».

Le Cardou nous est apparu un peu avant Rennes-les-Bains. Ce massif annonce l'entrée dans une autre facette des péripéties qui animent la région. Des chercheurs, dont certains se qualifient « d'initiés », parcourent les pentes abruptes de cette montagne qui, comme tous les monts de nature calcaire, sont truffées de trous, de grottes et de cachettes potentielles. Ils espèrent découvrir des tombes très anciennes et précisent qu'il s'agit du tombeau de Jésus ou de Marie-Madeleine. Un écrivain connu a été rencontré en pleine nuit, un fusil sur l'épaule, effectuant cette recherche, tandis qu'un artiste de grand talent que je connais bien m'a déclaré qu'il avait découvert cette cachette mais que pour l'instant il ne souhaitait pas en révéler l'emplacement...

Le Cardou, c'est le chardon. Il évoque l'Ecosse et l'origine de sociétés initiatiques, tandis que son symbolisme s'inscrit dans une dualité. Elle le présente comme un symbole de défense (qui s'y frotte s'y pique) mais également comme un symbole de lumière et de rayonnement par le dessin de sa tête. On ne peut s'empêcher de penser à un secret bien défendu dont la découverte apporterait une lumière rayonnante...

Bien des mystères jalonnent la route qui, au-dessous des ruines du château templier du Bézu, mène du Cardou au village de Bugarach. Nous les examinerons minutieusement.

C'est une petite route sinueuse et la plupart du temps ensoleillée qui permet de découvrir les quelques maisons qui constituent l'agglomération de Bugarach. Cette route, je l'ai parcourue bien souvent à une époque encore récente où Bugarach semblait dormir ou sommeiller dans l'ambiance paisible d'une bourgade oubliée. Les touristes émerveillés par la beauté du paysage ne faisaient que passer sans pénétrer dans les petites rues qui mènent à la place près du vieux château. Pourtant, il faisait bon flâner en dégustant d'excellentes recettes régionales sur la terrasse du petit restaurant, face au pic, sous les promenades silencieuses des aigles qui surveillent les alentours.

Dans les années 1990 et 2000, très souvent j'ai emmené des amis à Bugarach. Chaque fois je n'ai pas manqué de leur faire visiter la petite église. En entrant, à droite, un vitrail reproduit la lame 10 du Tarot. La présence insolite en ce lieu de « la roue de fortune », avec ses deux diablotins, que signifie-t-elle ?

La route tourne, le temps s'écoule ; et les mystères demeurent...

En suivant la route, après Bugarach, on aborde immédiatement la montée du col du Linas. Tout en haut du col un sentier nous invite à gravir les pentes qui mènent au sommet situé à 1231 mètres d'altitude.

Plus on monte et plus la végétation se raréfie. Tout en haut c'est un paysage grandiose qui nous entoure. Nous sommes au centre d'un cercle de beauté.

Au sud, des montagnes forment une chaîne dont le nom est Saint-Antoine de Galamus. Dans ses méandres, serpentent les gorges que longe une étroite petite route menant vers l'ermitage de Galamus. D'un terrain le surplombant, et qui n'était pas encore un parking organisé pour les touristes, j'ai souvent emprunté le petit sentier aboutissant à l'ermitage de Saint-Antoine. Une grotte remplie de symboles et d'évocations de Saint-Antoine l'ermite, un petit espace ombragé et un lieu abrité aménagé en buvette. Je me souviens de la personne qui vivait là et qui se considérait gardienne et protectrice du lieu. Elle m'a offert un petit livre qu'elle avait écrit à propos des gorges et de l'ermitage et nous avons mangé sur place « à la fortune du pot ».

A l'ouest, d'autres chaînes bien alignées laissent apparaître les plus hauts sommets situés entre Quillan et Caudiès, au-dessus des ondulations de verdure qui semblent jouer avec la lumière du soleil.

De l'autre côté, vers l'est, au-delà du massif de Tuchan, on aperçoit la mer, tandis qu'au sud c'est le département des Pyrénées Orientales et la vaste plaine du Roussillon avec un autre géant : le Canigou. C'est la Catalogne et puis l'Espagne.

En admirant ce splendide panorama, il arrive qu'on se pose une question. La terre, les roches, les découpages des montagnes ont un aspect rugueux, solide et parfois agressif. C'est une alternance de ressentis où se succèdent les impressions de douce beauté et celles de rencontrer une force indéfinissable de la quiétude à la brutalité, en correspondance avec ce nom bizarre : « Bugarach ».

D'où lui vient cette appellation aux consonances barbares ?
Il existe plusieurs versions et hypothèses qui se complètent ou se contredisent. Il me paraît intéressant de connaître quelques uns de ces éléments ; sans aucune garantie. Tout d'abord, il semble que ce grand pic a eu pour nom « le Pech de Thauze ». Quant au village qui est à ses pieds, les documents nous offrent des noms différents au cours des siècles ; mais avec toujours la lettre B au début, suivie de syllabes dures à entendre telles que : Bugaragio, Bugaragium, Bigarach, Bugaraich et enfin Bugarach au XVIIIème siècle.

Il est aussi fait état d'une légende qui présente des lutins ayant pour nom Bug et Arach. Le fantastique et la magie sont présents avec également une « fée Nore ». Ils défendaient la région dévastée par Cers, le dieu du vent et des tempêtes mortelles. Ce dieu était le fils d'Eole et un descendant de Jupiter qui accepta d'atténuer ses ardeurs. Les petits lutins ne parvenaient pas à se faire entendre pour que Jupiter les aide davantage. Alors Bug grimpa sur les épaules d'Arach et ils escaladèrent ainsi la plus haute montagne pour se hisser vers le dieu qui était très haut dans le ciel. Jupiter les écouta et éleva davantage cette montagne afin qu'elle protège les Corbières et la plaine du Roussillon des ardeurs de Cers. Pour remercier les petits lutins de leur intervention, leurs noms furent unis et le nouveau pic protecteur devint le Bug-Arach. C'est très joli, comme beaucoup de légendes ; mais on n'en connaît pas l'origine.

Une légende ne naît jamais sans que des réalités oubliées n'en constituent les fondements secrets « Il n'y a pas de fumée sans feu ». Ces réalités sont transformées en personnages qui souvent deviennent les symboles d'évènements, de forces et d'avertissements ou de prophéties.

Bug et Arach représentent les personnages vivants d'un petit peuple déterminé et peut-être installé sous la surface de la terre. Ils obtiennent du « Tout Puissant- » la protection contre des forces capables de les anéantir. Ils unissent la terre au ciel en un lieu qui constitue un rempart protecteur auquel est donné leurs deux noms désormais unis : « Bug-Arach ».

Curieuse légende venue de la nuit des temps.

Elle n'a pas été répandue par les techniques médiatiques de notre époque. Il faut dire que depuis la deuxième partie du XXème siècle, dans la région des Corbières et du Razès, tout l'intérêt a été accaparé par d'autres légendes. Dans la localité voisine de Rennes-le-Château, des mystères et d'étranges trésors ont été révélés par la fortune d'un curé devenu célèbre. Ils ont détourné les regards. Le Bugarach a été ignoré, du moins en ce qui concerne le grand public toujours manipulé.

Et voilà qu'à partir des années 2009-2010 des rumeurs venant on ne sait d'où braquent les projecteurs médiatiques sur le géant oublié.

Est-ce une résurgence de sa vieille légende ou plus simplement des peurs souvent réactivées à partir d'éléments lointains et incontrôlables ?

Curieusement le Bugarach retrouve sa mission de protecteur et de sauveur. On lui fait unir le ciel et la terre dans des évènements fantastiques qui font écho aux symboles contenus dans l'histoire de Bug et Arach. Des interventions extraterrestres ou même intraterrestres sont annoncées comme il en existe dans les contes de fées de nos générations.

Pour le Bugarach, ce n'est pas nouveau.

S'il n'y a pas de fumée sans feu, il nous faut examiner ces vieilles fumées connues de quelques chercheurs pour tenter de découvrir quelle est la nature du feu qui les a fait naître et qui les entretient...

2

LES OVINS DU BUGARACH

En arrivant à Rennes-le-Château, la vue sur le pic de Bugarach est dégagée dès la montée vers le village. Elle est encore plus impressionnante quand on l'admire depuis le domaine de l'abbé Saunière et du sommet de sa tour Magdala.

C'est dans ce domaine que débute vraiment le rapport étroit entre Rennes-le-Château, le Pic de Bugarach…et les ovnis.

Après la mort de l'abbé Saunière en 1917, son héritière Marie Denarnaud ne disposait pas d'une trésorerie suffisante pour entretenir le domaine et ses bâtiments. La famille Corbu le lui acheta en viager et Marie Denarnaud vécut avec eux jusqu'à sa mort en 1953. Claire Corbu se souvient très bien de cette vieille dame qui lui fit quelques confidences[1]

C'est ensuite un personnage pittoresque qui acheta le domaine de l'abbé Sauière.

Henri Buthion était attiré par l'espoir de découvrir « le trésor » dont il était question dans le livre de Gérard de Sède : *Le Trésor maudit* . Sa famille possédait en Algérie des milliers d'hectares plantés d'oliviers. Après l'indépendance il était venu en France pour tenter de reconstituer sa fortune à Rennes-le-Château. Il consacra beaucoup de temps à chercher, à fouiller et à creuser jusqu'à son départ en 1995.

---

1   Un CD a été enregistré par Charly Samson sur « Rennes-le-Château, énigmes et trésors » avec la participation de Claire Corbu et Antoine Captier. Distribué par : @disweb - consulter le site http://charly-samson.com

J'ai bien connu Henri Buthion qui me recevait dans son domaine où il filtrait soigneusement les visiteurs, craignant sans doute que des curieux s'intéressent de trop près à ses travaux de fouilles. Un soir nous avons ensemble présenté une conférence dans son jardin avec la participation d'Antoine Captier.

En 1994, une des dernières photos d'Henri Buthion avec Charly Samson, dans le jardin du domaine.

C'était un conteur de grand talent à la voix grave et bien timbrée. Lorsqu'il animait une visite guidée, il racontait à sa façon l'histoire de Rennes avec des envolées lyriques et théâtrales qui surprenaient et amusaient les visiteurs, souvent convaincus qu'ils étaient en présence d'un illuminé.

Parmi les originalités qu'il décrivait avec conviction s'inscrivait la présence des ovnis qu'il déclarait voir tournoyer près du Bugarach. Sa version qu'il enregistra sur des « cassettes audios » se répandit et influença des personnes qui s'intéressaient à l'ufologie.

Jean de Rignies, la Salz et ses mystères

Venant du Maroc où il était ingénieur, un personnage hors du commun s'intéressait également à ces mystérieuses apparitions. Il était aussi interpelé par le livre de Gérard de Sède qui venait de paraître, *L'Or Maudit de Rennes-le-Château*.

Jean de Rignies était un médium déclarant être en rapport mental avec Maître Philippe de Lyon. Celui-ci lui recommandait de « rentrer en France et de rechercher un lieu particulier pour s'y installer, en choisissant entre Oloron Sainte Marie et Rennes-le-Château. » Il choisit Rennes-le-Château où il arriva le 15 août 1970.

Il prit tout de suite contact avec Henri Buthion avec qui il se lia d'amitié. Installé à Rennes-les-Bains, il entreprit sa recherche d'une « ville atlante qu'il nommait Otanika », jusqu'au jour où son contact médiumnique lui conseilla de se rendre à « l'eau salée ».

Il ignorait l'existence de ce lieu sur lequel des gens du pays l'emmenèrent en empruntant des sentiers pas entretenus qui aboutissaient à une vieille bâtisse complètement en ruine. Il loua immédiatement les 600 hectares de cette propriété qui constituait les seuls vestiges de résidences de seigneurs du lieu et d'une ancienne abbaye de l'époque de Charlemagne. Malgré l'absence d'eau et d'électricité il décida de restaurer la vieille maison à proximité de « la source salée » qui coule sans cesse sur ce versant Est du massif du Bugarach.

C'est dans les années 1990 que je me suis rendu chez Jean de Rignies, guidé par mes amis Jean et Jeannette Blum. En quittant la route qui mène à Sougraigne, on empruntait un étroit chemin de terre qui n'était pas praticable par temps de pluie : des ornières, des flaques d'eau et de fréquents éboulis ne permettaient pas à toutes les voitures de le parcourir. Ce fut mon premier contact avec un homme très cultivé qui nous reçut chaleureusement.

En partageant quelques bonnes pâtisseries confectionnées à l'occasion de notre visite, nous avons évidemment beaucoup parlé de nos recherches, de la région, de ses mystères… et nous sommes rentrés assez tard dans la soirée.

Ce ne fut pas une conversation sans fondements, car depuis les années 1960, je m'intéressais activement aux appariions d'ovnis (objets volants non identifiés). Depuis 1972 j'animais à Montpellier un groupe de recherches en ufologie dans le cadre du C.R.E.P.E.L. (centre de recherches philosophiques et littéraires du Languedoc). Des témoignages que j'avais recueillis dans ma région, il ressortait que ces apparitions étaient bien réelles et que des atterrissages avaient été prouvés. Le grand public partageait cet intérêt entretenu par les journaux qui parfois se contentaient de ne citer que le sensationnel. Avec mon groupe, les recherches s'effectuaient sur le terrain, en contact avec d'autres groupes et d'autres chercheurs.

Nous organisions des conférences et des dîners-débats qui attiraient beaucoup de participants. Nous effectuions des enquêtes pour recueillir des témoignages et, sur le terrain, nous procédions à des visites et animions des soirées d'observation.

Ces activités m'ont permis d'entrer en relation avec de nombreux ufologues renommés dont certains devinrent des amis, tels que Guy Tarade et Jimmy Guieu. C'est d'ailleurs Jimmy Guieu qui a enregistré une video dans laquelle il interviewe longuement Jean de Rignies, sur place, à la Salz. Cette video est encore visible sur des sites internet relatifs au Bugarach. Avec Jimmy nous avons souvent collaboré dans des dîners-débats, conférences, enquêtes et observations et nous avons beaucoup parlé des mystères de la Sals et de Jean de Rignies.

En 1973, le C.R.E.P.E.L. a organisé au théâtre de la mer à Sète un débat-géant sur les ovnis. J'ai eu le plaisir d'animer cette soirée qui a rassemblé 1800 spectateurs. A l'occasion de cette manifestation, les ufologues de ce débat ont participé à une émission à la télévision de Montpellier.

Sur une photo de cette émission à la télévision de Montpellier, (de gauche à droite) Jimmy Guieu, Charly Samson, Guy Tarade, Lucien Metche et Jean Miguères.

Comme Jimmy, j'ai bien connu la famille de Jean de Rignies et j'ai recueilli les mêmes témoignages.

Tout a commencé lorsqu'il a entendu des bruits insolites et qu'il les a enregistrés sur son magnétophone. Ces bruits lui rappelaient ceux que produisent les rotatives d'une imprimerie. Il les a d'abord enregistrés dans son salon, puis à l'extérieur sur un lieu révélé par télépathie par le responsable de ces étranges contacts.

Selon Jean de Rignies, son guide s'est présenté comme étant le responsable extraterrestre d'une base située en dessous, dans le massif du Bugarach. Et puis Jean affirme qu'il a trouvé une porte en un endroit où les pierres étaient assemblées d'une manière qui ne pouvait pas être naturelle; c'était une construction. Ensuite, en creusant, il a dégagé un grand trou. Avant cela, en

1973, période d'une « vague d'ovnis » dans le Midi de la France, il avait observé un engin longtemps immobile à une hauteur qu'il a évaluée à 6000 mètres. Ces évènements concrets étaient accompagnés de visions, de rêves et de contacts télépathiques dont les interprétations confirmaient ces étranges présences.

Déjà en ces années 1975-1976, Jean avait le projet de créer un refuge en ce lieu car, disait-il, « la planète va connaître de grands bouleversements. » ... C'est tout de même curieux... Il disait aussi que le Bugarach serait un point d'évacuation lorsque surviendraient des évènements catastrophiques annoncés par plusieurs médiums.

A cette époque, personne ne faisait appel à des calendriers Mayas ou autres, mais une même information circulait parmi quelques « initiés ». En toute objectivité, nous constatons des coïncidences qui nous interpellent...

Il indiquait qu'autour de la terre il y avait, en état d'invisibilité, des millions de vaisseaux extraterrestres et il précisait que très peu d'humains sont préparés pour le bouleversement qui va intervenir et qui commence à se manifester. Lui a-t-on fait dire, ou a-t-il vraiment dit : « La terre commence à bouger. Je crois qu'à partir de 2007, ce sera le début de la fin qui interviendra en 2012 »? Il ajoutait qu'il y a plusieurs façons de compter et que personne ne peut affirmer une date.

C'est Philippe, son fils, qui lui a déclaré avoir trouvé l'entrée de la base. Il s'agissait d'un trou dont on ne voyait pas le fond. Du papier serré en torche et enflammé a été jeté dans cette excavation, mais il avait fini de flamber avant d'atteindre le fond. Quand ils ont jeté une pierre, ils ont entendu un bruit métallique. Ils ont décidé de revenir avec une échelle de corde pour descendre dans le trou. Mais lorsqu'ils sont revenus, ils n'ont plus retrouvé le fameux trou ; il avait totalement disparu.

La science, le surnaturel et le psychisme humain

Tout cela est fantastique et s'inscrit dans des domaines qu'il est difficile d'explorer sans connaître les particularités et les possibilités des relations qui existent entre différentes réalités, nos sens et le psychisme des humains.

Chacun s'enferme dans son savoir et dans ses ressentis pour se créer des « certitudes irréfutables ». Il arrive qu'il tente de les imposer aux autres. Parfois certains expliquent par la science ce qui paraît impossible, tandis que d'autres se contentent d'invoquer le surnaturel. Il est trop facile de qualifier de menteuses des personnes honnêtes et sincères qui ont vécu ou qui vivent des évènements surprenants et inexplicables par la logique habituelle.

Dans la grande aventure du Bugarach, Jean de Rignies occupe une place particulière et importante. Cet homme d'une parfaite sincérité et d'une grande honnêteté « a vu, a entendu et a ressenti » des choses qui peuvent paraître incroyables. Cet érudit modeste et chaleureux n'était pas un illuminé ; mais il est évident qu'il « fonctionnait différemment » comparé à la plupart de ses contemporains. Les déclarations, les descriptions et les contacts de ce visionnaire font que les esprits rationalistes ne le prennent pas en considération sans même faire un effort pour essayer de comprendre. Il a vu des réalités différentes qui ne contredisent pas les théories et expériences les plus avancées de la physique quantique et peuvent même confirmer des connaissances venues d'un très lointain passé. Les deux écoles que séparent plusieurs siècles considèrent qu'« entre le possible et l'impossible » il existe une troisième zone. Autrefois on l'appelait « l'imaginal » et notre science utilise entre autres le mot « aléatoire ». Il devient aléatoire d'affirmer : « c'est vrai… ou c'est faux » sans considérer l'existence de cet état intermédiaire.

Il existe « des réalités différentes » en fonction du « niveau de conscience » de chaque individu. Ce niveau de conscience n'est pas un état permanent, mais un état momentané ou provisoire qui peut se manifester spontanément, être provoqué par l'intéressé ou par une autre personne.

S'agit-il d'un état comparable aux états hypnotiques dont on parle beaucoup, mais que l'on connaît mal par crainte, par idées reçues et par refus de remettre en question des « vérités établies »? C'est lors de ces périodes intermédiaires entre la veille et le sommeil que chacun peut « vivre des contacts » dont il est parfois témoin et d'autres fois acteur.

Jean de Rignies affirmait « avoir vu avec ses yeux éthériques », au cours de ses méditations, un dôme de protection situé au-dessus de la base extraterrestre qui occupe une grande partie du sous-sol du Bugarach. Il a enregistré des bruits étranges semblables à ceux que produisent des moteurs de rotatives. Des scientifiques sont venus avec des appareils de détection très sophistiqués qui auraient identifié à une profondeur de 25 mètres sous le sol une coupole métallique de 3 mètres d'épaisseur sur 30 mètres de long et 15 de large. ...

Je ne puis m'empêcher de penser à cette équipe de scientifiques américains qui le 17 avril 2004 ont débarqué à Rennes-le-Château avec trois éminents spécialistes canadiens auréolés de leur réputation d'avoir supervisé les recherches échographiques dans la pyramide de Khéops[2].

Nous sommes tentés d'exprimer une opinion bien tranchée : « c'est vrai ou c'est faux ». Le Bugarach détient-il un secret qui dépasse les limites de notre science et peut-être de notre

---

2   Dans le livre *Le Grand Secret de Rennes-le-Château* - éditions les 3 spirales - que j'ai écrit avec Jean Blum en 2006, nous rendons compte de cette « manipulation scientifique » (pages 153 et la suite). Le repérage d'un coffre de 90 centi-mètres sur 103, à 4 mètres de profondeur a permis d'extraire... un modeste caillou mais pas le trésor attendu !

entendement ? Sommes-nous en présence d'un phénomène psychologique qui ne met pas en cause la bonne foi des intéressés ?

Mon expérience personnelle m'incite à faire état des exercices qui permettent d'accéder à l'utilisation de nos perceptions extrasensorielles. Celles-ci ont été considérées comme des interventions du surnaturel par le grand public et n'ont pas encore capté l'intérêt de notre science qui n'aime pas se remettre en question. Dans mes cours pratiques je propose aux participants de se décontracter, de fermer les yeux et d'écouter ma voix. Il ne s'agit pas d'hypnose au sens profond de cette technique, mais d'un état sophronique obtenu en pas plus de deux minutes. Alors, je leur raconte un cheminement que je visualise en l'exprimant. Je leur dis, par exemple, qu'ils marchent sur un chemin caillouteux, qu'ils entendent des chants d'oiseaux et qu'ils sentent le parfum des fleurs bordant leur chemin. Ou bien, je leur fais descendre un escalier, rencontrer d'autres personnes, etc. Quand je les rappelle à la réalité, tous ont vécu mes descriptions. Ils n'ont pas seulement vu, mais ils ont ressenti les cailloux sous leurs pas, entendu les oiseaux, parlé à d'autres personnes, etc. Ils ont « réellement vécu physiquement » ces scènes et ils en conservent définitivement le souvenir. Pour eux comme pour moi, il ne s'agit pas d'un jeu, mais d'un exercice qui prouve que sous une suggestion provoquée, les sens sont dépassés et qu'une réalité différente s'inscrit dans les ressentis ainsi que dans la mémoire.

Les travaux que nous effectuons avec Kamina Brochka sur les rêves et comment les interpréter[3], nous ont permis d'étudier la possibilité d'influencer et même de programmer les rêves du sommeil nocturne. Selon la culture et la mentalité de l'intéressé, ses récits oniriques peuvent correspondre à ses désirs de « voyage dans l'astral ». Qu'il soit trompé par ses désirs ou qu'il

---

3 *L'interprétation des rêves* et *Toute la vérité sur l'Hypnose* de Charly Samson et Kamina Brochka. (Ed.Trajectoire).

agisse sciemment dans un but commercial, il pourra accomplir ainsi tous les voyages qu'il souhaitera. Ils lui permettront de publier des récits fantastiques dont certains éditeurs sont friands parce qu'ils intéressent de nombreux lecteurs toujours avides de sensationnel et de « surnaturel ».

Le récit de Jean de Régnies que mon ami Jimmy Guieu a présenté à la télévision et qu'il est possible de retrouver sur internet peut se résumer ainsi :

« Jean de Rignies était apparenté à l'oncle de Gérard d'Encausse, dit Papus, qui était lui-même un discipline de Philippe de Lyon, le célèbre thaumaturge. C'est la voix de ce personnage qu'il entendait dans son esprit, lui disant de trouver un lieu près de Rennes-le-Château.

C'est par télépathie qu'une entité extraterrestre l'a guidé dans ses premières découvertes. Cette entité lui disait être le commandant de la base située sous la source salée et s'appeler Lilor.

Suivirent les bruits de moteurs de rotatives enregistrés sur magnétophone. (Mais des détracteurs supposent qu'il ne s'agit que du moteur du magnétophone.) Puis ce furent des apparitions d'ovnis et de phénomènes lumineux. Ensuite ce fut la découverte du « trou sans fond « et de la construction métallique qu'il révéla.

Il y aurait plusieurs bases extraterrestres interpénétrées dans des plans vibratoires différents dont la première est dans la quatrième dimension et les autres dans la cinquième et sixième dimension.

La base située sous la source salée est celle d'êtres venus d'Orion ; ce sont les fameux Elohim cités dans la Bible. Ils ont la maîtrise des vibrations et donc de l'énergie et de la matière qu'ils peuvent dématérialiser et rematérialiser. La base d'Orion a 15 kms de long sur 7 kms de large et s'étend sous le Bugarach. Il y a également d'autres êtres sur d'autres plans vibratoires :

ceux venus des Pléiades et peut-être ceux venus de la Grande Ourse. Il y a aussi des « petits gris » en captivité. »

Cette citation des « petits gris » nous la retrouvons dans un roman écrit plus tard par Jimmy Guieu sous le titre *L'Alerte Rouge* . Dans ce livre présenté sous forme de roman pour qu'il soit édité, Jimmy raconte ses enquêtes en Amérique du Sud à propos d'envahisseurs qu'il appelle « les petits gris ». Nous avons souvent parlé ensemble de ses recherches au cours de nos travaux communs.

« Jean de Rignies tenait un cahier de ses dédoublements nocturnes qui lui firent rencontrer des habitants de Bugarach de l'an 2200.

« Il lui était difficile de déterminer si dans son sommeil il avait voyagé dans le temps ou s'il ne s'agissait que d'un rêve... mais quand on s'intéresse à l'interprétation des rêves...

Il avait eu la révélation d'avoir été choisi en tant que douzième conseiller par le conseil galactique en charge de notre planète et selon les instructions du conseil cosmique situé dans l'étoile Sirius. C'est là le berceau du peuplement de notre Terre par des races non humaines. Ensuite les premiers humains étaient Noirs, c'étaient des Lémuriens. Et puis les Blancs sont venus d'Orion sur notre planète qui faisait office de bagne. Ils étaient guidés et surveillés par les Elohim cités dans la Bible et qui étaient sous les ordres de Jéhovah, l'Eternel des armées.

Les humains ont tenté de s'échapper et ils ont construit une rampe de lancement pour leurs fusées afin de rejoindre les dieux. Mais leurs fusées n'ont pas été utilisées car les Elohim ont détruit leur Tour de Babel avant de les aider à créer la nouvelle civilisation de l'Atlantide.

La base actuelle de Bugarach est très peuplée par des

androïdes qui ont la peau grisâtre (les petits gris) et le visage émacié. Les androïdes sont définis comme des êtres artificiels, des automates, ayant l'aspect d'hommes.

Le Bugarach est une des bases les plus importantes de notre planète. Elle est actuellement en sommeil. Elle constitue un chakra de la Terre. Ce chakra pourrait être un point d'évacuation lors d'évènements « apocalyptiques » qu'annoncent des médiums et qui est en relation avec le processus de transformation vibratoire que la Terre aborde à notre époque. Jean de Régnies a le sentiment que la Terre a commencé à bouger. En 2007, ce sera le début de la fin qui interviendra en 2012 ; mais il ajoute : en réalité, personne n'en sait rien. Autour de la Terre il y a sur orbite des millions de vaisseaux en état d'invisibilité. Sur la population mondiale, peu sont prêts pour la transformation qui est annoncée. »

Ces déclarations de Jean de Rignies constituent une véritable « cosmogonie du Bugarach »

Ont-elles inspiré ceux qui depuis 2006 annoncent à peu près les mêmes évènements ? Ils s'inspirent de calendriers Mayas aussi imprécis que discutables dans leurs interprétations.

Jean de Rignies

« LES AMIS DE LA SALZ »

Jean de Rignies est décédé en 2001.

Sa famille habite toujours la maison qu'il a restaurée de 1967 à 1977.

C'est en novembre 2003 qu'une association a été créée sous l'appellation « Les amis de la Salz »

En relation avec ses animateurs, j'ai eu l'occasion de participer à ses activités et d'y présenter des conférences.

Depuis ma première visite, des travaux d'aménagements ont été réalisés et le chemin d'accès est devenu carrossable. Les abords de la maison et du site sont débroussaillés. Les réunions et les conférences se déroulent dans une ambiance familiale, chaleureuse et très sympathique. Un agréable petit sentier mène à la fameuse source salée où j'ai plusieurs fois bu une petite gorgée de cette eau dominée par la forte saveur du sel.

L'auteur à la source de la Salz

Après les conférences animées par différents chercheurs et historiens, tels que mes amis Jean Blum et Georges Kiess, la plupart des personnes présentes restent sur place pour partager un repas au parfum du Bugarach.

Ce sont alors des conversations animées où s'affrontent amicalement des points de vue différents sur des sujets souvent en rapport avec les mystères du lieu et de la parapsychologie. Il m'est arrivé, par exemple, d'assister à une conférence très documentée sur Maître Philippe de Lyon suivie de discussions intéressantes, mais par moments accaparées par plusieurs personnes qui déclaraient être la réincarnation de ce personnage. On rencontre ici des gens passionnés, souvent convaincus de détenir la vérité et s'efforçant de convaincre l'assistance. C'est parfois amusant, mais toujours instructif pour celui qui approfondit les arguments et les personnalités. Nous rencontrons ainsi des érudits qui exposent les fruits de leurs recherches et d'autres personnages pittoresques qui racontent leurs aventures, leurs trouvailles et leurs réussites.

L'association « Les amis de la Salz » a pour objectif d'assurer la sauvegarde matérielle, spirituelle et historique du site de la source salée. A la mort de Jean de Rignies, l'administration des Domaines avait continué à contester sa pleine propriété du site. Actuellement cette épée de Damoclès a été heureusement supprimée.

Yannick Prouteau,
président de l'association, aujourd'hui décédé.

Yannick Prouteau, avec qui j'entretenais d'amicales relations depuis pas mal d'années, m'a communiqué les photos de Jean de Rignies et de sa maison telle qu'elle est aujourd'hui.

Il animait avec beaucoup de dynamisme et de dévouement l'association « Les amis de la Salz ». D'autres sympathiques et dévoués animateurs lui ont succédé. Il me paraît utile de préciser les statuts.

L'association a pour but :

- de préserver et protéger le site de la source salée et dans un but plus large elle entend aider à promouvoir la réhabilitation des sites anciens et d'assurer la sauvegarde spirituelle de leurs histoires.

- Pour cela elle vise à créer un lieu d'échange culturel et intellectuel à vocation Européenne en rapport avec l'histoire occultée ou oubliée, ainsi qu'à promouvoir l'émergence progressive des récits, contes et légendes populaires qui caractérisent de tels lieux.

- Dans cet objectif, elle assurera la mise en place d'une bibliothèque, d'un site informatique avec Cyberespace internet.

- Périodiquement, elle se propose d'organiser des conférences et rencontres avec l'ouverture d'un portail sur l'Europe.

- De favoriser et de piloter à tout moment l'accueil et la découverte du site de « La Source Salée », notamment l'histoire du sel et de la vallée de la saline telle qu'elle fut baptisée autrefois.

- D'effectuer des recherches et d'établir une documentation plus spécifique sur la période antérieure à la révolution française, concernant l'histoire des « Gentilshommes Allemands », qui fabriquaient du verre bleu à l'usage du pays (à proximité immédiate du site, vestiges archéologiques industriels présents sur l'endroit).

- De perpétuer la mémoire de Jean de Rignies, le premier « Gardien du site » du Domaine de la Salz.

- Dans cette optique, l'Association « Les Amis de la Salz » souhaite œuvrer, à plus long terme, à la mise en place d'un artisanat avec animations diverses, découvertes et revalorisation des anciens métiers.

- D'établir un parcours de reconnaissance des points forts du site à travers les différentes époques historiques.

- D'agir en coopération avec les instances publiques ou

autres formes associatives.- L'Association « Les Amis de la Salz » souhaite ainsi encourager et soutenir toutes les initiatives touristiques et pédagogiques pour la découverte et la promotion historique du site de la source salée.

Cette association, dont le sérieux et les activités semblent se situer assez loin de toutes les publications qui traitent avec parfois de surprenantes fantaisies du site du Bugarach, n'exclue pas les mystères et énigmes qui, à partir de ce massif, s'étendent à toute une région qui a fait l'objet des recherches de Jean de Rignies.

Pour contacter « Les Amis de la Salz », vous pouvez utiliser le mail : lesamisdelasalz@tiscali.fr ou écrire à l'adresse suivante : Association « Les Amis de la Salz » - Domaine de la Salz - 11190 Sougraigne
Contact mail : conferencessalz@gmail.com

*Kamina Brochka et deux organisatrices
à l'entrée de l'espace réservé aux conférences.*

*Kamina Brochka et Charly Samson
au cours d'une conférence à la Salz*

*Charly Samson en conversation
avec Georges Kiess*

*Kamina Brochka
en conférence*

Jean Blum et Charly Samson à la source de la Salz

3

À L'ÉCOUTE DES ELOHM

Il a probablement suffit que Jean de Rignies fasse allusion aux Elohim dans une interview télévisée pour que cette hypothèse devienne pour certains une réalité.

Ce mot « Elohim » est le pluriel du mot hébreux « Eloha » qu'on trouve dans la Bible et dans des textes babyloniens. Parfois le mot Elohim désigne Dieu lui-même, ou encore « les dieux ». Mais d'autres fois il désigne les « fils de Dieu » ou les envoyés de Dieu, ceux qui agissent pour lui dans le monde matériel et qui sont aussi désignés par le mot « anges », signifiant « les messagers ».

Dans *La Génèse*, nous trouvons une curieuse citation de ces êtres qui n'apparaissent pas immatériels : « Et il arriva, quand les hommes commencèrent à se multiplier sur la face de la terre et que des filles leur furent nées, que les fils de Dieu (les Elohim) virent que les filles des hommes, étaient belles, et ils prirent des femmes d'entre toutes celles qu'ils choisirent. ... /... Les géants étaient sur la terre en ces jours-là, et aussi après que les fils de Dieu furent venus vers les filles des hommes et qu'elles leur eurent donné des enfants : ceux-ci furent les vaillants hommes de jadis, des hommes de renom. »

Voilà un texte qui semble être clair, mais qui pose beaucoup de questions. Que furent ces contacts entre des êtres « non terriens » et nos très lointains ancêtres ? « Les géants » étaient-ils issus de ce métissage ? Etaient-ils géants par leur taille ou faut-il comprendre cette appellation comme autrefois on désignait les coureurs cyclistes sous le nom de « géants de la route » ? On peut aussi établir une relation avec l'épisode de David et du géant Goliath.

Selon sa culture, on peut prêter des significations différentes à cette intervention d'êtres « extraterrestres » sur notre planète à l'origine de l'humanité. Quels contacts furent établis en ces temps lointains, et avec qui ? Des phénomènes inexpliqués de notre époque ont-ils un rapport avec ces « voyageurs inconnus » qui excitent notre imagination, nos peurs et nos espoirs ?

Il nous est difficile de nous situer face à ce qui peut correspondre à une réalité extraordinaire et irrationnelle ou à des légendes sans fondements. Mais ces « légendes » ont toujours une origine qui n'apparaît pas aux premiers niveaux de nos possibilités de compréhension… Nous devons les interpréter… Mais comment et sur quelles bases ?

Les religions nous offrent des clés différentes à partir de points communs. Les multiples apparitions d'ovnis (objets volants non identifiés) tout au long de notre histoire et à notre époque ne font naître que des hypothèses sans réponses absolues. Les mystères demeurent… Quand on constate combien l'Histoire a été, et continue, d'être manipulée sous l'influence d'intérêts politiques et religieux où la première motivation est la recherche du pouvoir, on comprend que la vérité sur nos origines, sur la véritable histoire des hommes et sur les influences qui se sont manifestées ait été occultée. Les vestiges qui nous sont parvenus sont recouverts d'un voile épais et d'images dont les apparences peuvent être volontairement trompeuses.

Nos réactions sont différentes. Certains s'efforcent de mettre en œuvre des recherches scientifiques ou ésotériques pour étudier ces énigmes. D'autres ont adopté une réponse et ne recherchent que les arguments leur permettant de l'affirmer. D'autres encore se laissent emporter par leurs désirs, leur imagination et parfois la jouissance de détenir avec la vérité, un certain pouvoir, pour se mettre en valeur… ou se ridiculiser.

Parmi quelques cas qui illustrent cette troisième éventualité, je citerai celui d'une personne qui disait être en contact avec les Elohim. Etait-elle convaincue, affichait-elle des talents de comédienne dans ses interventions souvent théâtrales ? Nous l'avions connue à Perpignan où lors d'un festival elle était venue nous transmettre des messages que les Elohim lui avaient confiés. Ces messages, disait-elle, nous concernaient très personnellement. En fait ils nous apparurent décousus et constitués de banalités. Nous la rencontrâmes dans d'autres festivals dans le Midi. Elle venait communiquer aux uns et aux autres les messages qui lui avaient été secrètement confiés.

Plus tard, nous l'avons retrouvée à Bugarach où elle était venue s'installer. A cette époque, au cours des années 1990-2000, une ambiance assez festive régnait souvent parmi les habitués de la région intéressés principalement par Rennes-le-Château. Réunions, conférences et repas en commun étaient fréquents. Il arriva qu'au cours d'un repas, notre messagère se lève pour demander le silence et déclarer sérieusement : « Ecoutez, les Elohim me parlent. »

Il est certain que de tels comportements ne favorisent pas une ambiance de recherches sérieuses sur des éléments qui méritent de susciter un réel intérêt.

Nous rencontrons des chercheurs sérieux qui ne rejettent aucune information, aussi fantastique soit-elle, mais qui ne l'acceptent qu'en tant qu'hypothèses de travail. Nous rencontrons aussi des personnes dont les comportements surprenants entraînent des moqueries et font naître un discrédit sur les particularités d'un site hors du commun.

Le grand public mal informé se situe entre les deux et finit par être influencé par des récits extraordinaires qui font rêver. Dans cette région de multiples récits nous incitent à « rêver » ; et notre imagination prolonge ces rêves. Il est important de savoir établir une différence entre une information et les suites qu'elle a fait naître. Il est indispensable que le rêve soit suivi d'un réveil lucide.

L'exploitation de « ces suites », pour des raisons souvent commerciales, maintient le grand public dans une ignorance qui, nous le constatons actuellement, sont susceptibles de créer de véritables psychoses. Celles-ci sont à l'origine de peurs collectives mêlées à des pseudo-connaissances qui sont proches de superstitions à partir d'interprétations partielles et invérifiables.

Et certains savent utiliser des phénomènes transformés en récits merveilleux ou inquiétants en opérations fructueuses qui atteignent bien des domaines de notre société : médias, publications, immobilier, etc. … Bugarach connaît tout cela …

4

LE BATEAU DE JULES VERNE

Tout près de la route qui mène de Rennes-les-Bains à Bugarach, se trouve une curiosité silencieuse que bien des visiteurs frôlent sans même la remarquer.

Sur cette route on peut voir sur la gauche un panneau qui indique le hameau de La Viallasse. On distingue quelques maisons en contrebas. La route est étroite pour garer une voiture, mais il est intéressant de s'arrêter et d'observer ce petit hameau.

Au milieu des maisons on aperçoit alors, dans les méandres de la rivière La Blanque, la forme d'un bateau de pierre. La nature l'a sculpté avec probablement l'aide de quelques inconnus.

Le navire de pierre du hameau de La Viallasse

On distingue parfaitement la plage avant, la passerelle et le pont arrière dont les contours sont cernés par des murs en pierres sèches à plusieurs niveaux.

Si l'on se retourne, on voit tout en haut de la montagne la silhouette du château du Bézu qui était un lieu d'observation des templiers ; un verrou, face au Bugarach.

On pourrait se contenter de voir. Mais si l'on se demande pourquoi ces présences insolites se font face, on entre dans une spirale d'énigmes dont l'écrivain Jules Verne semble avoir détenu les clés…

Jules Verne vécut de 1828 à 1905 à l'époque où les ésotéristes – qu'on appelait alors occultistes – affichaient des connaissances secrètes dans des textes qui restent encore à déchiffrer. C'était l'époque de la subite et mystérieuse fortune de l'abbé Saunière à Rennes-le-Château.

C'est d'ailleurs du vivant de l'abbé Saunière que Jules Verne publia en 1896, un curieux roman : *Clovis Dardentor* . Une histoire de voyage, comme dans bon nombre de ses romans, mais un roman codé dont les signes sont en correspondance avec la région du Bugarach et de Rennes-le-Châtau.

Visionnaire autant qu'initié, Jules Verne mettait en scène dans ses livres des voyages initiatiques avec des récits futuristes dont les réalisations imaginaires n'ont pas tardé à devenir des réalités du XXème siècle. Il utilisait parfois « le langage des oiseaux », cette façon de jouer avec les mots et les syllabes ; un langage propre aux alchimistes. Ses romans sont à lire à plusieurs niveaux ; à la condition de posséder quelques connaissances. Il se place dans la technique de transmision des Maurice Leblanc, Oswald Wirth et autres Conan Doyle.

Pour apprécier les « clins d'œil » de Jules Verne dans *Clovis Dartentor* , en rapport avec le bateau de La Viallasse et les mystères de la région du Bugarach, nous devons entreprendre un véritable voyage (initiatique) dans les siècles passés.

L'héritage de la couronne de France

Nous entrons dans une série d'énigmes qui concernent l'histoire de la France, les secrets de la chrétienté et les luttes pour s'approprier un héritage matériel et spirituel se résumant en un mot à la sinistre résonnance : le pouvoir.

Nous savons que l'Histoire officielle a toujours été manipulée au profit d'intérêts de domination souvent masqués par de nobles déclarations.

Comment est née notre civilisation ? Quelle fut la réelle légitimité de ceux qui gouvernèrent les peuples ? Nous possédons quelques bribes de vérités qui nous ont été transmises parmi des monceaux de récits inventés qui ont favorisé la naissance de légendes.

Ces légendes ne sont pas sans fondements, mais ceux-ci ont été cachés et manipulés. Il se peut cependant que « quelque part » la vérité soit conservée et ne soit accessible qu'a quelques « gardiens » à travers les siècles. Ce n'est bien sûr qu'une hypothèse, mais elle aussi se base sur des faits qui interpellent. Pourquoi ces histoires de trésors matériels et spirituels dans la région du Bugarach ? Pourquoi des ésotéristes y recherchent-ils le tombeau du Christ et de Marie-Madeleine ? Pourquoi toutes ces apparitions d'ovnis et les visions de Jean de Rignies ? On pourrait citer bien d'autres interrogations ; mais terminons par : Pourquoi ce message de Jules Verne et comment interpréter les rapports entre Clovis Dandertor et le bateau de La Viallasse ?

Trésors matériels et spirituels.

C'est au cours des années 1960 que des journalistes ont braqué les projecteurs de l'actualité sur la subite et extraordinaire richesse de l'abbé Saunière, curé de Rennes-le-Château. Ce petit village abrite de grands secrets qui remontent loin dans le temps[4].

Nous savons que des mines d'or ont été exploitées dans la région où au Moyen Âge fut aussi frappée de la fausse monnaie. Nous savons que les vicissitudes de l'Histoire ont entraîné des flux et des reflux de peuples qui passaient d'un côté à l'autre des Pyrénées où ils s'efforçaient de dissimuler leur butin. Ce fut, entre autres, le cas des Wisigoths qui avaient établi un royaume comprenant la Gaule méridionale et une moitié de l'Espagne actuelle. En 410, sous la conduite de leur roi Alaric, ils s'emparent de Rome et pillent la ville.

Ce fait historique prend encore plus d'importance quand on sait qu'ils font main basse sur le trésor amassé par Titus lorsqu'en 70 de notre ère il avait pillé et détruit le Temple de Jérusalem. Ce furent des tonnes d'or et un lourd chargement d'objets sacrés que Titus avait déposés à Rome. Nous savons que parmi ces objets figurait le fameux chandelier à sept branches.

Les Wisigoths transportent leur trésor dans leur capitale Toulouse. Mais en 507 ils sont battus par les Francs sous la conduite de Clovis, et leur capitale est conquise. Ils déplacent leur trésor jusqu'à Carcassonne où existe encore aujourd'hui « la rue du trésor ». A partir de cet épisode, les légendes succèdent aux preuves historiques.

Il est logique de penser que le trésor a été mis en sûreté. De l'autre côté des Pyrénées, ils possèdent une autre capitale, Tolède. Mais bien plus près de Carcassonne, ils ont aussi une citadelle, une place forte dans les massifs montagneux. Son nom est Rhedae dont le nom aurait pour origine « la roue » ; et les Wisigoths utilisaient des chariots dans leurs incessants déplacements. Rhedae, lieu longtemps oublié est devenue

---

4   Lire de Jean Blum et Charly Samson : *Le Grand Secret de Rennes-le-Château* Éditions les 3 Spirales 2007

Rennes-le-Château.

Le trésor des Wisigoths n'a pas été retrouvé ; pas plus en Espagne que de notre côté des Pyrénées où de multiples grottes, dont certaines sont difficiles à explorer, parcourent le sous-sol autant des environs de Rennes-le-Château que des massifs du Bugarach. Il était facile de déposer des trésors même volumineux dans ces grottes naturelles, ou parfois aménagées, et ensuite d'obstruer l'entrée qui avec le temps n'est plus repérable.

Des trésors matériels cachés dans ces régions parait être une évidence. Certains personnages ont-ils eu connaissance de quelques emplacements pour les récupérer ?

Mais qu'en est-il lorsque sont évoqués des « trésors spirituels » ?

L'authenticité des évènements concernant les origines de notre civilisation et de sa religion dominante, le christianisme, est souvent mise en doute par ce que l'on connaît de l'Histoire... quand des intérêts divers n'y ont pas également apporté de profondes corrections.

Il ya un peu plus de deux millénaires, un message de paix et d'amour était offert à l'humanité par un personnage dont on ne connaît que quelques épisodes de sa courte vie. Il semble que Jésus ait insisté sur un sublime conseil : « Aimez-vous les uns les autres ». Nous savons que ses successeurs, assoiffés de pouvoir, l'ont trahi en créant par exemple l'inquisition qui leur a permis de mettre à mort des milliers de braves gens. Comment leur faire confiance quand ils nous rapportent des faits dans des textes rédigés plusieurs siècles après ?

Héritiers de l'hébraïsme et confrontés au totalitarisme de l'Empire Romain, ces « non-violents » durent souvent s'expatrier pour ne pas subir les supplices infligés par les pouvoirs en place. Il semble que cette « nouvelle philosophie » qui les dérangeait n'était pas encore une religion. La religion du christianisme a été organisée plus tard, au quatrième siècle, lorsque l'empereur Constantin en a fait sa « religion d'Etat ».

Fuyant les romains avant même l'avènement de Jésus, des juifs de Palestine s'étaient réfugiés au nord de la Méditerranée dans des territoires accueillants. Datant de plus d'un siècle avant J.-C., on a des traces d'importantes colonies juives dans la région de Lunel, pas très loin des Saintes Maries de la Mer. L'histoire est bientôt rattrapée par la légende remplie de symboles de l'arrivée de « réfugiés » sur cette plage, à proximité des colonies où ils étaient assurés du gîte et du couvert. On les voit arriver sur de petites barques... et on conclut qu'ils n'ont pas pu traverser la mer sur ces frêles esquifs. On oublie que Joseph d'Arimathie, le grand armateur, ami de Jésus et de Ponce Pilate, possédait de grands vaisseaux qui ne pouvaient pas approcher des côtes par manque de fond.

Aujourd'hui encore, lorsque des navires mouillent sur ces côtes, de petites embarcations font la navette pour débarquer les passagers et transporter les visiteurs.

Il y a deux mille ans, qui étaient ces passagers ? La réalité de ces débarquements à cette époque est prouvée. Mais quels sont les personnages qui ont débarqué venant des lieux où le supplice de Jésus avait été suivi de la disparition de son corps déposé dans un tombeau prêté par Joseph d'Arimathie... avec l'accord de Ponce Pilate ?

Toutes les hypothèses sont à examiner; même les plus étranges...

Des légendes laissent entendre que parmi « les saintes femmes » il y avait Marie-Madeleine, Lazare (le ressuscité) et peut-être Jésus, ou seulement son corps embaumé...

Beaucoup de ces réfugiés, ont poursuivi leur voyage vers d'autres régions où existaient des colonies juives. Pas très loin de Bugarach et de Rennes-le-Château, la ville d'Alet abritait de très nombreux juifs. Il existe aujourd'hui la « rue de la juiverie » à Alet ; et une maison a la réputation d'avoir appartenu à Nostradamus ou à sa famille.

Nostradamus, ce personnage du XVIème siècle, était d'origine juive. Il a laissé des textes[5] dans lesquels il cite « le grand mort du Razès »... et Alet est une localité importante de la région du Razès. Il évoque « la mort du juste perpétrée dans un banquet » (la Cène) et sa présence dans un tombeau de cette région.

Mais les légendes et les recherches historiques qui sont effectuées par des historiens tels que mon ami Christian Doumergue, tendent à admettre que Marie-Madeleine était l'épouse de Jésus et qu'elle serait venue dans le Razès...

C'est à partir de ces hypothèses que des gens recherchent des tombeaux dans la région du Bugarach. Rappelons que des grottes accessibles ou pas sont très nombreuses dans ces montagnes.

Il est certain que d'éventuelles découvertes confirmant ces légendes entraîneraient un bouleversement social et spirituel...

Existe-t-il des documents confirmant ou infirmant ces présences ? Est-il possible que des personnages, comme Nostradamus par exemple, aient possédé, ou que d'autres possèdent des preuves ?

Et nous en arrivons à la couronne de France...

Les légitimités ont toujours été disputées depuis l'origine de cette royauté.

Il est certain que les énigmes non résolues, les luttes pour exercer le pouvoir, les intoxications et les légendes ne

---

5   Ces textes de Nostradamus sont commentés dans mon livre : *Le Véritable Nostradamus* - éditions Trajectoire.

permettent pas d'éclaircir des situations qui depuis des siècles sont manipulées au profit d'intérêts différents.

Nous revenons à l'hypothèse de la présence de Jésus et de Marie-Madeleine, son épouse, dans la région du Razès.

Il serait trop long de détailler ici tous les éléments qui tentent de relier les Mérovingiens aux prétentions actuelles à la couronne de France. De multiples intoxications, dont certaines au cours du XXème siècle, révèlent des prétendants en remontant à la dynastie la plus ancienne.

Tous les régimes monarchiques affirment détenir leur pouvoir « de droit divin ». C'était la meilleure façon pour s'imposer aux peuples.

La dynastie des Mérovingiens serait née des enfants de Jésus et Marie-Madeleine… et des généalogies ont été établies depuis cette époque jusqu'à nos jours.

Le droit divin des Francs est apparu avec le baptême de Clovis et l'intervention de la Sainte-Ampoule apportée du ciel par une colombe.

Plus tard les Capétiens, dont la dynastie débuta par une élection, furent considérés de droit divin par la canonisation du roi Louis IX, plus connu sous le nom de Saint-Louis.

De plus, tous les rois de France, jusqu'à Charles X en 1825 détenaient le pouvoir divin de guérir les écrouelles.

Il y a toujours eu, et il y a encore, des héritiers réels ou prétendus de telle ou telle dynastie pour revendiquer la couronne de France.

En ce qui concerne les Mérovingiens, leur dynastie a été interrompue par l'assassinat du roi Dagobert II en 679 dans la forêt de Stenay. Ceci est historique et marque la prise du pouvoir par les maires du palais. La suite est parfois controversée. Dagobert II « aurait » épousé, en second mariage en 671, Gislis de Rhedae, fille de Béra II. Ils auraient eu un fils, le prince Sigebert. – N'oublions pas que Rhedae est l'ancien nom de Rennes-le-Château – Ce prince aurait échappé à l'attentat et un chevalier l'aurait ramené sur son cheval au pays de sa mère : à Rennes-le-

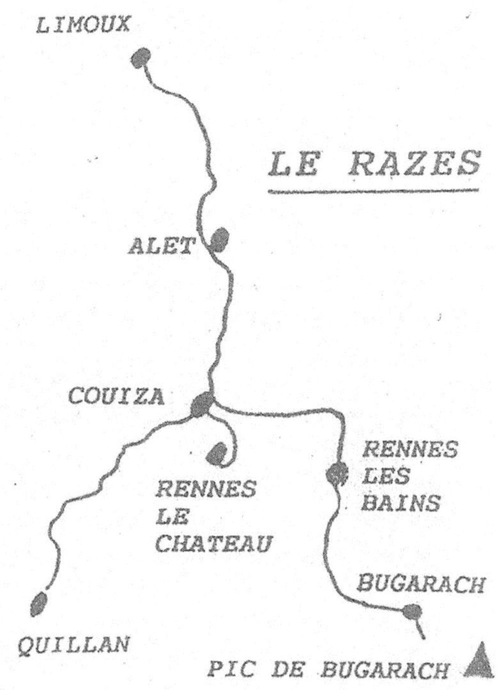

Château. Ce retour aurait eu lieu en 681 et une dalle découverte à Rennes-le-Château semble confirmer cet évènement. Il semble que les Templiers plus tard en aient eu connaissance et n'aient pas ignoré l'usurpation du trône de France par les Carolingiens et puis par les Capétiens[6]. Ceux qui se disent les prétendants

____

6   Voir mon livre : *Les Templiers et Les Secrets du Graal* Éditions Alphée 2009, Éditions de l'œil du sphinx 2017.
Lire également : *Le Grand Secret de Rennes-le-Château* de Jean Blum et Charly Samson – Editions Les 3 Spirales 2007.

à ce trône, en tant qu'héritiers des Mérovingiens, rêvent d'une restauration de la monarchie en France en citant les pays où ce régime existe en Europe : Espagne, Angleterre, Belgique, Hollande, Danemark, Suède, Norvège.

Sigebert IV, le prince rescapé (?) n'a pas régné. Il serait resté protégé, caché et ignoré dans la région d'origine de sa mère, où il aurait eu des descendants : la lignée des Mérovingiens. A Rennes-le-Château, le registre paroissial de 1690 fait état de « la tombe des Seigneurs des temps inconnus » dans la crypte de l'église.

L'hypothèse de cette dynastie mérovingienne remontant à de supposés enfants de Jésus et Marie-Madeleine est complétée par le fait que Jésus est considéré comme un descendant de David et que son épouse appartient elle aussi à une famille royale.

Des récits codés, nombreux dans la tradition médiévale, évoquent le Saint-Graal qui peut signifier « le Sang Real » ou le « Sang Royal ». Un symbolisme extrêmement riche se prête à diverses interprétations et parmi celles-ci l'affirmation de la descendance de Jésus et Marie-Madeleine qui serait à l'origine de la famille des Mérovingiens.

Et des chercheurs fouillent des documents et toute la région de Rennes-le-Château où se situe le Bugarach, espérant y découvrir le tombeau de Jésus et de Marie-Madeleine. Est-ce une des raisons qui incite certains à affirmer qu'en cas de catastrophe de grande ampleur, cette région serait épargnée ?

En bateau, de Clovis au Bugarach

Nous revenons sur la route qui mène de Rennes-les-Bains à Bugarach et, à proximité de la pancarte qui indique le hameau de la Vialasse, nous contemplons cet étrange bateau de pierres.

La Vialasse

Et nous pensons au roman de Jules Verne : *Clovis Dardentor*. Clovis c'est le guerrier qui a vaincu les Wisigoths dont les trésors ramenés de Rome, avec le butin provenant du pillage du Temple de Jérusalem, n'ont pas été retrouvés. Clovis sera sacré à Reims ce qui authentifiera sa qualité de « droit divin ». Le nom Dardentor correspond à « l'or ardent ». Sigebert IV a été qualifié de « rejeton ardent »

Dans ce roman, le héros, Clovis Dardentor, voyage sur un bateau dont le capitaine a pour nom Bugarach. Tout près de La Viallasse, un hameau a pour nom « les capitaines », d'où l'on voit à proximité le sommet qui domine la région : le Bugarach.

Jules Verne n'a pas imaginé « par hasard » tous ces noms et cette « curieuse » coïncidence avec le bateau de pierres près de Bugarach.

Etrange personnage, ce Monsieur Dardentor qui se fait attendre de ceux qui voyagent avec lui et qui donne au patron d'une chaloupe un pourboire « royal »... Quand on connaît la façon qu'avait Jules Verne de coder ses textes et de traiter des sujets hors du commun pour son époque, on est interpelé par tout ce qui constitue l'histoire et les dialogues de Clovis Dardentor...

Il faut beaucoup d'imagination pour tenter de déchiffrer ce que ce génial écrivain nous dévoile par petites touches en nous laissant le soin d'interpréter ses « devinettes ». Il paraît évident que son livre *Clovis Dardentor* contient un message. Il paraît tout aussi évident que le sens de ce message n'a pas été encore totalement compris. A moins que...

Les « coïncidences » qui rapprochent Clovis Dardentor des énigmes de l'histoire de la monarchie, des mystères du Razès et de toutes les interrogations que fait naître le Bugararch, ont suscité des recherches dans d'autres textes de son œuvre littéraire.

Un roman qui fut un peu mon livre de chevet lorsque j'avais 12 ou 13 ans a retenu l'attention de certains chercheurs qui s'intéressent au Bugarach.

Voyage au Centre de la Terre aurait été pour eux inspiré par ce que cache ce massif des Corbières. Il existe des légendes qui évoquent des trésors enfouis dans des grottes, des rivières et des lacs souterrains. Jean de Rignies – longtemps après Jules Verne - a parlé d'une vie intense dans les profondeurs de la montagne, d'une vie quelque peu futuriste comme le sont les histoires d'ovnis. Jules Verne décrit tout cela mais avec une vie qui se rapporte davantage à un passé préhistorique...

Et puis il y a ces tombeaux dont l'éventuelle présence n'est pas en contradiction avec des évènements historiques occultés depuis vingt siècles. Dans le massif du Bugarach, on trouve Le Cardou, un mont dont le nom qui signifie « le chardon » nous relie à l'Ecosse, aux Templiers et à la naissance de sociétés initiatiques contemporaines que Jules Verne ne pouvait pas méconnaître...

5

LE MYSTÈRE DE LA FERME FANTÔME

De son sommet dénudé, le Bugarach semble surveiller une vaste région qui accumule les légendes, les mystères et les faits étranges. On y trouve des évènements authentiques et d'autres invérifiés et invérifiables. L'imagination fait le reste et sa transmission ne manque pas de l'amplifier.

Il a été dit que les avions ne survolent pas ce pic et que son survol est même interdit. Peut-on fournir une preuve de cette interdiction ? Peut-être la crainte d'un « trou d'air » pour les petits appareils ? Qu'en est-il pour les avions de ligne ?

Il a été dit que des services de l'armée patrouillaient discrètement dans le Bugarach, sans qu'on sache pourquoi. L'imagination a permis à certains auteurs de supposer que des contacts étaient ainsi établis avec des extraterrestres...

Ce dont j'ai été deux fois témoin c'est la présence de convois militaires arrêtés sur la route d'où part le chemin qui mène au sommet. Je résidais alors à Rennes-les-Bains avant d'acquérir une maison à Nébias. Avec mon épouse, nous animions régulièrement des conférences au Palais des Congrès de Perpignan. Celles-ci se terminaient vers minuit et nous passions par le Bugarach pour rentrer à Rennes. C'est lors de ces retours que deux fois, en pleine nuit, nous avons remarqué quelques véhicules militaires arrêtés près du chemin menant au sommet. Nous n'avons pas éprouvé la curiosité de demander s'il s'agissait de manœuvres ou de tout autre chose...

C'était l'époque où mon ami Jimmy Guieu déclarait être sur table d'écoute en raison de sa curiosité pour les ovnis observés près du plateau d'Albion où étaient installées les fusées nucléaires de l'armée. Il m'était arrivé de lui téléphoner et de l'entendre me dire : « Je suis occupé. Je vais te rappeler. » Effectivement il me rappelait en me précisant que, se sachant écouté, il ne pouvait pas me parler librement de chez lui des sujets qui nous intéressaient et qui n'avaient aucun rapport avec la défense nationale.

Rencontres avec « l'étrange »

L'étude des faits ou des évènements étranges n'intéresse pas particulièrement la science officielle et se situe principalement dans les sciences qualifiées de parallèles. Mais « L'étrange » est présent partout et à toutes les époques. A ses interrogations, les hommes ont tenté de donner des réponses jamais très claires. Elles varient selon les cultures, les religions et les philosophies, sans apporter des preuves irréfutables. On évoque le surnaturel, les voyages dans le temps, les mondes parallèles, les extraterrestres, les civilisations disparues, etc.

Cependant, tout semble mystérieusement lié.
Teilhard de Chardin a déclaré : « Dans le cosmos, seul le fantastique a des chances d'être vrai. » Notre planète n'est qu'un tout petit élément de ce Cosmos. Il peut paraître logique que ce qui nous paraît étrange soit extraordinairement fantastique et révèle une réalité différente. Aujourd'hui les progrès scientifiques, notamment en physique quantique, confirment cette déclaration. Entre le vrai et le faux, le possible et l'impossible – selon notre savoir et nos croyances – se place un état intermédiaire qualifié d'aléatoire et difficile à définir.

Nous sommes tous confrontés à « l'étrange » dans le courant de notre vie. Parfois nous sommes témoins. Mais d'autres fois, sans aucune « explication rationnelle », nous sommes les acteurs involontaires de faits inexplicables. Faute de comprendre nous invoquons le surnaturel… Mais ou s'arrête la nature, non perceptible par nos sens limités, et où commence le surnaturel ?

Personnellement, depuis plusieurs dizaines d'années, « je traque l'étrange » au cours de mes recherches, de mes enquêtes et de mes reportages. J'ai souvent cité des cas qui ont laissé des traces : photos, enregistrements, ressentis collectifs. J'ai publié des documents et des récits dans certains de mes livres. J'en conserve d'autres pour approfondir mes hypothèses… que je me garderai de présenter comme autant de vérités.
Des apparitions inexpliquées tout près du Bugarach.

Une de nos amies a vécu une curieuse aventure qu'elle a accepté de me raconter. J'ai enregistré son récit qu'il m'a été donné de faire entendre au cours de mes conférences.

Je connais Jeanne Blum depuis assez longtemps pour lui faire entièrement confiance et ne pas émettre le moindre doute sur la véracité de son récit. D'autre part, son mari Jean Blum est un ami avec qui je collabore régulièrement. Nous avons présenté ensemble des conférences à propos de Rennes-le-Château et avons également écrit un livre *Le Grand Secret de Rennes-le-Château* éditions Les 3 Spirales. En 1999 nous avons organisé à Quillan « Le Festival de l'insolite ».

« Jean Blum, Jeannette Blum et Charly Samson à Quillan. »

C'était en 1985. Un matin, vers 11 heures, notre amie prend sa voiture pour se rendre à la ferme des Gascous dans la région du Valdieu. Elle va apporter un jouet à une petite fille qui vit dans cette ferme où Jeannette ne s'est rendue qu'une fois, et de nuit. Ce jour-là, le temps est magnifique. Elle passe par Rennes-les-Bains et prend la direction de Bugarach.

Après avoir franchi un petit pont,
elle prend une route étroite sur sa droite.

Voici ce que déclare Jeannette Blum :

« Je m'engage très lentement sur ce chemin, à trente à l'heure. Tout à coup, ma voiture stoppe. Le moteur tourne, mais elle n'avance plus. J'accélère, ce qui produit un bruit incroyable, à tel point que je descends de la voiture pour voir quels obstacles l'arrêtent. Effectivement, je vois des pierres, des cailloux, et le chemin est comme marécageux. Avec mes mains j'enlève quelques pierres pour dégager les roues et je remonte dans la voiture. »

- Q – La route n'était pas goudronnée ?

- « *Non, c'était un chemin de terre. Donc j'enlève quelques pierres, je remonte dans ma voiture et j'accélère, mais impossible d'avancer. Je descends à nouveau et, comme je suis une bonne marcheuse, je décide d'aller à pieds jusqu'aux Gascous, cette ferme qui se trouve à environ trois cents mètres.*

En descendant de ma voiture, je vois à ma droite une ferme. Les fenêtres sont ouvertes car il fait un temps magnifique. Cette ferme est très belle, avec des pierres apparentes. Et j'entends un bruit de scie. Je ne vois personne. Je n'ai pas l'intention de déranger ces gens-là et je m'engage pour poursuivre mon chemin à pieds vers les Gascous dont la ferme se trouve à ma gauche sur un petit promontoire. »

- Q – Est-ce que vous avez pu avancer facilement ?

- « *J'ai avancé seulement sur une trentaine de mètres.*
Un second obstacle m'apparaît. Je vois descendre trois chiens, venant de la ferme de droite. Ils sont sombres et hauts. Ils arrivent vers moi sans aboyer. Ils s'arrêtent devant moi, comme une barrière. Je suis effrayée par ces chiens et par leur silence. Je me demande où je suis ? A ce moment j'aperçois à ma gauche une pancarte qui indique « les Gascous ». Cette pancarte est en bois. Une autre flèche indique l'autre ferme, sans que je puisse lire le nom. »

La ferme des Gascous

Jeannette Blum et les pancartes aujourd'hui

« La ferme que je ne connaissais pas se trouvait à ma droite sur un emplacement situé à côté de la coopérative agricole qui n'a été construite que quelques années après. Cette étrange ferme se situait juste au-dessus du chemin. »

Nous avons parcouru cet emplacement ensemble tous les quatre : Jeannette et Jean Blum, Kamina Brochka et moi sans remarquer le moindre vestige d'une ferme. De là, nous avons observé la route sur laquelle la voiture a été bloquée et pris quelques photos des lieux.

La route et le chemin des Gascous vus de la « ferme fantôme »

Emplacement où la voiture a été stoppée

« *Devant moi, les trois chiens sont toujours là, énormes, immobiles et silencieux... Je ne sais que faire puisque je ne peux pas avancer avec ma voiture et que je ne peux pas non plus avancer en marchant...Une grande crainte m'envahit...*

Je reviens à ma voiture, mais en faisant face aux chiens. Je pense alors à essayer de faire une marche arrière. Effectivement, ma voiture m'obéit et c'est en faisant cette marche arrière que je rejoins la route qui va de Rennes-les-Bains à Bugarach. »

Tandis que nous nous déplacions pour prendre des photos, nous avons remarqué une camionnette qui passait et repassait sur la route, s'arrêtant parfois quelques instants. Elle est visible sur la photo de la page 53. Nous avions l'impression d'être surveillés ; ce qui n'est pas rare dans cette région à proximité de Rennes-le-Château.

Nous revenons en 1985 pour la suite du récit de Jeannette Blum.

« Quand je suis rentrée chez moi, à Quillan, je me demandais ce qui m'était arrivé… Je me suis lavé les mains, car j'avais réellement touché les pierres. Mon mari m'a conseillé de téléphoner à la propriétaire des Gascous ; ce que j'ai fait sans tarder. Je lui ai raconté mon aventure en manifestant ma surprise d'avoir constaté que les Gascous ne soient pas aussi isolés que ce que je croyais. Elle m'a répondu qu'aux environs de sa demeure on ne trouve que les ruines d'une très vieille ferme qui aurait appartenu jadis à un sorcier pratiquant la magie noire. Je lui ai précisé que j'avais bien vu une ferme habitée et en bon état, avec des fenêtres ouvertes et des gens qui travaillent. Elle m'a affirmé qu'il n'existe pas de ferme sur cet emplacement.

Quand je lui ai raconté comment sur le chemin de terre j'avais enlevé des pierres pour dégager mes roues, elle a été stupéfaite. Elle m'a répondu que cette petite route était goudronnée, en me précisant que le rouleau compresseur y était passé il y avait seulement trois mois.

Sa réaction a été de me demander si je ne m'étais pas trompé de chemin. Cette hypothèse n'est pas possible. Je ne me suis pas trompé de chemin puisque je reconnaissais bien sa ferme et que la pancarte indiquait « la ferme des Gascous ». Je ne me suis pas trompé de chemin et j'ai même vu trois chiens énormes. Elle me dit : « Non, je n'ai pas trois chiens énormes et je n'ai qu'un tout petit chien. » Alors je n'ai plus rien compris. Qu'est-ce qu'il se passe ? »

Je fais alors remarquer à mes amis qu'un élément peut avoir une certaine importance, un élément qui n'a pas été retenu, Cette route et la ferme des Gascous sont dominées par la silhouette des ruines de la commanderie templière du Bézu.

- « *Je n'avais jamais remarqué d'ici le château des templiers. Pour moi, je pense à une quatrième dimension et, peut-être, à une ferme templière. C'est vrai, sur cette route, devenue un chemin, lorsque ma voiture n'a plus été capable d'avancer, j'avais à ma gauche la ferme des Gascous avec au-dessus le château du Bézu, et à ma droite « la ferme fantôme » qui pouvait être une ferme templière en ce lieu même ou toute proche.* »

- Q – Vous a-t-on suggéré d'autres explications ? Par exemple une sorte d'endormissement ou un rêve éveillé ?

- « Non, tout était réel et en plein soleil, clair et net, et mes cinq sens étaient bien éveillés. Ce n'est que lorsque les chiens sont arrivés que le silence s'est imposé. »

Jeannette Blum a évoqué la quatrième dimension. Nous allons approfondir cette idée en interrogeant son mari Jean Blum qui a écrit plusieurs ouvrages sur les Cathares *(éditions du Rocher)* et s'est intéressé aux Templiers situés à la même époque.

- Jean Blum - *« Je veux dire tout d'abord que je ne crois absolument pas que Jeannette triche le moins du monde. Il y a à peu près quarante ans que nous sommes mariés et je ne l'ai jamais vue aussi émue. Elle venait réellement de vivre quelque chose.*

L'un de nos amis neurologue l'a examinée, à titre amical. Recherches d'antécédents, etc. Etant donné que tous ses sens étaient en éveil : elle voyait, elle entendait, elle sentait le frôlement du vent et les pierres dans ses mains ; ce n'était pas une hallucination.

Pour en revenir à son hypothèse sur la quatrième dimension, depuis les travaux et les découvertes d'Einstein, nous savons que cette quatrième dimension, c'est le temps. Peut-on supposer qu'il s'agisse d'une plongée dans le temps à une époque qui nous est chère, celle des Cathares et des Templiers ? C'est possible. Ce château du Bézu domine la situation sans que Jeannette s'en soit auparavant rendu compte. Je n'ai pas de position bien arrêtée ; mais pourquoi pas un voyage dans le temps ?

Il y a aussi la physique quantique qui suppose – sans que cela soit absolument démontré – qu'au plus court instant possible, l'univers se subdiviserait en parties absolument innombrables.

L'hypothèse est la suivante : A un moment donné, sur ce site, cinquante ans auparavant ou plus, un monsieur gagne le gros lot à la loterie nationale. Il hésite entre deux solutions : faire bâtir une ferme à cet endroit ou aller couler des jours heureux au bord de la mer. Il choisit l'hypothèse des jours heureux. Mais pendant le temps de sa présence en ce lieu, « son double » édifie bel et bien une ferme avec tous les entrecroisements de situations inimaginables. Plus tard, une habitante de « notre dimension » vient en syntonie avec cet autre monde imaginaire ou pas, ce monde différent. Pour quelques minutes cette habitante de notre monde entre en contact avec ce monde inaccessible. Les tenants de la physique quantique disent bien qu'il n'y a pas de communication possible entre ces deux mondes... encore que ? ... Mais ça, c'est une autre question. »

- Q – L'épisode des trois chiens est particulièrement troublant. Il semble que les chiens aient observé cette personne et qu'ils lui aient consciemment et volontairement barré le passage ?

- *« Les trois chiens rappellent une tradition qui n'est jamais neutre. « Les cerbères » étaient les gardiens d'un seul à ne pas franchir. »*

Cet évènement s'est produit à proximité du Bugarach.
Cache-t-il lui aussi un seuil à ne pas franchir ?

6

LES TERRES DE L'ÉTRANGE

Si nous quittons le Bugarach pour parcourir la magnifique région qui longe les Pyrénées depuis le majestueux Canigou jusqu'à Foix et Toulouse, nous rencontrons à chaque étape des mystères qu'accompagnent les hauts lieux du catharisme et les vestiges de la présence templière.

Il n'est pas possible de les citer tous et il faudrait beaucoup trop de pages pour raconter des évènements inexplicables qui mêlent des légendes et des réalités.

Cette partie de la terre occitane aujourd'hui pourvue de différentes appellations, Languedoc-Roussillon ou Midi-Pyrénées et même Catalogne, contient les souvenirs des origines de notre civilisation à la suite d'autres civilisations que nous connaissons mal. Ceux qui nous ont précédés, quel que soit le nom qu'on leur donne, Druides, Celtes, Préceltes, Egyptiens, Phéniciens, Grecs de l'antiquité et autres Ibères n'étaient certainement pas les « barbares incultes » tels que souvent ils ont été décrits. Tous possédaient des sciences que nous ne découvrons que très progressivement et qui parfois nous indisposent quand elles apparaissent supérieures aux nôtres dans certains domaines.

Des vestiges actifs de ces sciences sont-ils toujours présents et à l'origine d'étranges évènements ? Le Bugarach est-il en secret le dépositaire de ces activités qu'il ne révèle que partiellement ? Serait-il seulement un de ces dépositaires, peut-être plus apparent que d'autres, dans cette région qui connut le flux et le reflux des conquérants et des civilisations ?

Sans établir un itinéraire qui ressemblerait à une publicité touristique, je me contenterai de citer quelques noms qui méritent de figurer dans un dépliant culturel et ésotérique. Cette liste n'est pas exhaustive et je n'ai retenu que des lieux que je connais assez bien et dont j'ai étudié les relations avec « l'étrange ».

Le sarcophage d'Arles-sur-Tech

de l'eau qui vient de nulle part...

Depuis mille ans un sarcophage déposé à l'entrée d'un cloître se remplit d'eau régulièrement alors que son couvercle est bien fermé et qu'aucune canalisation n'a été décelée malgré quelques vérifications effectuées à différentes époques. Il a été plusieurs fois vidé de son contenu qui s'est reconstitué rapidement. La science ne donne aucune explication rationnelle de ce phénomène considéré comme miraculeux. Le sarcophage contient toujours de l'eau car s'il était sec, ce serait considéré comme une punition divine. Il fut cependant totalement sec au cours de l'été 1914.

Des récits de guérisons miraculeuses sont mentionnés depuis 1211 avec la guérison d'un cancer du nez à la suite d'un traitement avec de l'eau contenue dans le sarcophage. Le gisant de ce personnage a été par la suite scellé près du sarcophage où son visage est représenté avec un trou dans le nez.

A Perpignan, le corps d'une religieuse morte en 1676 est toujours intact

Une clarisse catalane, sœur Anne-Marie Antigo est visible au monastère Sainte-Claire où, inexplicablement, son corps est conservé intact. Sa surprenante souplesse a été constatée à de nombreuses reprises depuis son décès.

En 1731, cinquante ans après sa mort, le cercueil est ouvert et le cadavre est trouvé dans un merveilleux état de conservation. En 1771, pour placer un crucifix à ses côtés, le corps toujours entier et flexible est pris à bras sans se disloquer. Puis c'est la Révolution et la dispersion des religieuses à l'automne 1792.

En 1805, des maçons découvrent le cercueil et c'est en présence d'une foule de fidèles que le corps intact, transporté à l'église de la Réal, est placé dans un réduit muré où il resta 37 ans dans l'humidité. En 1842, le cercueil est placé au milieu du réfectoire pour être examiné. A son ouverture, les témoins affirment : « une odeur très suave qui n'était semblable à aucun parfum de la terre se répandit dans l'atmosphère. » 1849, à la suie d'un déménagement, la bière est placée dans un tombeau au-dessous de la chaire de l'église où Mère Antigo est visitée pendant 30 ans. En 1878, le docteur Puig examine longuement et minutieusement le cops qui est parfaitement conservé. Il constate, deux siècles après la mort, la conservation des mains jusqu'aux ongles, des paupières et des yeux, des cartilages des oreilles et du nez. Il déclare avoir pu soulever le corps tout entier et le remettre dans la bière « sans provoquer le plus petit déplacement d'une partie par rapport à l'autre. » En 1878, le corps est revêtu d'un nouvel habit. Nouveaux examens en 1878, 1882 et 1908.

En octobre 1940, le corps subit les atteintes d'une grande inondation qui provoque un examen le 11 novembre 1940. Le visage et les mains sont souillés de limon, les vêtements sont imprégnés d'eau, les flacons renfermant les procès-verbaux contiennent trois centimètres d'eau polluée, l'organisme a été imprégné ; mais aucune décomposition totale n'est entamée. Avec un brasero il est procédé à une évacuation de l'humidité… et en 1944 Mère Antigo est rendue à la vénération des fidèles.

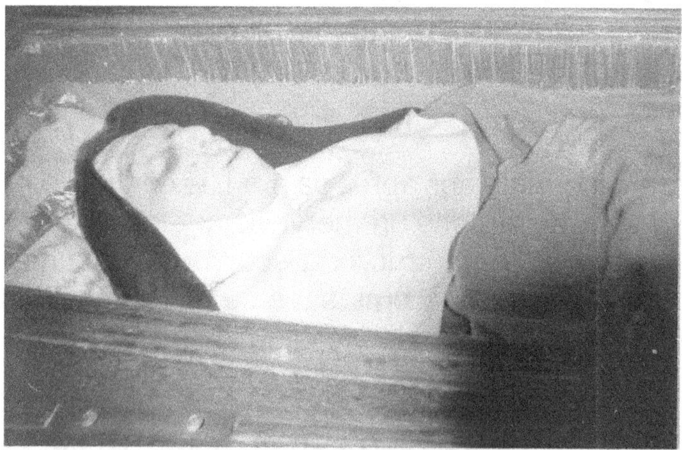

Le dernier examen se situe en 1975. Il a confirmé la souplesse des membres et a permis de « réparer » des dégâts causés par l'inondation de 1940.

Cette conservation du corps a suspendu le processus naturel

et habituellement irréversible de la putréfaction cadavérique. Comment et pourquoi ? Nous n'avons pas de réponse.

Pour nous c'est un phénomène « étrange » et inexplicable.
L'Eglise ne proclame pas de miracle mais de nombreux témoignages font état de multiples guérisons enregistrées depuis 1842, suite à des visites et à des prières auprès de Mère Antigo.

C'est au milieu des années 1990 qu'invitée par une amie clarisse je me suis rendu au monastère où j'ai pu voir Mère Antigo. Les religieuses m'ont fourni de nombreux renseignements et m'ont autorisé à photographier. J'ai pu tenir en main le crucifix ayant appartenu à cet être « qui vit une mort exceptionnelle ». Avec mon épouse, nous avons vraiment ressenti une ambiance particulière dans des vibrations indéfinissables. Même en maîtrisant notre imagination, nous ressentions comme une présence auprès de nous...

Notre-Dame de Marceille

Non, ce n'est pas une faute d'orthographe qui me fait écrire Marseille avec un C et non un S. C'est près de Limoux que se situe ce sanctuaire. Devons-nous faire un rapprochement avec le Marseille de Notre-Dame de la Garde et ce Marceille où une « vierge noire » est peut-être aussi une gardienne ? Mais alors, que garde-t-elle ?

De nombreuses interrogations accompagnent Notre-Dame de Marceille qui est l'objet de légendes et de rencontres avec l'Histoire.

La vierge noire est à l'intérieur de l'église. Mais à l'extérieur, la personnalité de Saint-Vincent de Paul est particulièrement mise en valeur. Nous savons que ce personnage a vécu dans l'intimité du roi Louis XIII à une époque où se mettaient en place des intrigues qui font partie des mystères liés à Rennes-le-Château.

Lorsqu'il disparut de la vie publique, Saint-Vincent de Paul fut-il vraiment prisonnier des barbaresques comme l'indique

Le pèlerinage de Notre-Dame de Marseille
était autrefois très fréquenté.

l'histoire officielle ? Certains pensent qu'il s'était discrètement retiré à proximité de Rennes-le-Château… et du Bugarach.

Les fidèles venaient soigner leurs yeux avec l'eau miraculeuse d'une source fraîche dont il ne subsiste qu'un modeste vestige.

En 1794, peu de temps avant son exécution, le poète André Chénier a écrit dans sa prison une description du pèlerinage de Notre-Dame de Marceille :

« Mon parrain avait une maison à Montfort, près de Rennes-les-Bains. Un samedi on m'a promis de m'emmener au traditionnel pèlerinage de Notre-Dame de Marceille avec les habitants de Limoux et de ses environs. Plus tard, j'ai éprouvé le besoin de décrire cette magnifique journée en quelques lignes que j'ai toujours conservées : « En me rappelant les beaux pays, les eaux, les fontaines, les sources de toute espèces que j'ai vus dans un âge où je ne savais guère voir, il m'est revenu un souvenir de mon enfance que je ne veux pas perdre. Je ne pouvais guère avoir que huit ans, ainsi il y a quinze ans (comme je suis devenu vieux !) qu'un jour de fête on me mena monter sur une montagne. Il y avait beaucoup de peuple en dévotion. Dans la montagne, à côté du chemin à droite, il y avait une fontaine dans une espèce de voûte creusée dans le roc ; l'eau était superbe et fraîche, et il y avait sous la petite voûte une ou deux madones. Autant que je puisse croire, c'était près d'une ville nommée Limoux, au bas Languedoc. Après avoir marché longtemps, nous arrivâmes à une église bien fraîche, et dans laquelle je me souviens bien qu'il y avait un grand puits. Je ne m'informerai à personne de ce lieu-là, car j'aurai un grand plaisir à le retrouver lorsque mes voyages me ramèneront dans ce pays. Si jamais j'ai, dans un pays qui me plaise, un asile à ma fantaisie, je veux y arranger, s'il est possible, une fontaine de la même manière, avec une statue aux nymphes, et imiter les inscriptions antiques. : De Fantibus sacris. »

Encore un projet sans lendemain… Mais lorsque, couché sur

la planche, j'attendrai la chute du couperet mortel, je veux avoir pour seule vision l'image de Notre-Dame de Marceille, ce haut-lieu où souffle l'esprit, ce lieu sacré qui enchanta mon enfance. »

Alet-Les-Bains... et Nostradamus

La petit ville d'Alet, avec les ruines de sa cathédrale inachevée, semble avoir établi un lien insolite entre la chrétienté et l'hébraïsme.

Alet fut le refuge d'une importante colonie juive que connut un personnage du nom de Nostradamus.

Une légende lui attribue la propriété d'une maison toujours visible sur une place de la localité, pas très loin de la rue de la juiverie. Il est vrai que cet homme, savant et médecin, fut un « noble voyageur » qui résida plusieurs années à Agen et parcourut toute la région.

En étroite relation avec les recherches qui relient Rennes-le-Château et le Bugarach, il écrivit plusieurs quatrains qui prédisent l'opportunité des hypothèses de chercheurs qui investissent aujourd'hui cette région.

Il cite « le grand mort du Razès » dans des phrases claires où l'on reconnaît la personne de Jésus et annonce – toujours en langage clair – qu'un jour un tombeau sera découvert ; ce qui révolutionnera notre civilisation.

J'ai commenté ces quatrains dans mon livre « *Le véritable Nostradamus – L'homme qui a vu le futur* » (*éditions Trajectoire 2010*)

Renes-Le-Château

Sur « les terres de l'étrange », c'est la capitale des mystères... et des intoxications littéraires, journalistiques et autres. Ce petit, tout petit village, a pris l'apparence d'une auberge espagnole où chacun trouve ce qu'il emmène.

Le mystère y est partout présent, voilé, dévoilé, revoilé, transformé, interprété au gré des auteurs selon leurs convictions et leurs vérités qu'ils s'efforcent de justifier. Tout est embrouillé, manipulé et exploité. Parfois c'est pitoyable... et hilarant !

J'ai découvert Rennes-le-Château au début des années 1970. Depuis j'y retourne souvent, malgré les intrigues qui souvent tentent d'écarter ceux qui ne se fondent pas dans le moule. Membre de l'association « Terre de Rhedae » depuis qu'elle a été créée pour favoriser des recherches saines, j'ai connu l'époque où des « chercheurs de trésors » n'hésitaient pas à tout dévaster sur leur passage... Je compte à Rennes de nombreux amis avec qui je collabore régulièrement.

Le sujet est trop vaste et trop important pour qu'il soit raconté dans l'immense cadre des énigmes de toute une région...

Le Bugarach vu de Rennes-le-Château
Des liens évidents existent entre ce village et le Bugarach.

L'étrange nous environne

Nous sommes tous confrontés à des faits insolites, étranges et inexplicables. Ils sont souvent en relation avec des lieux particuliers, présents dans toutes les régions.

Nous nous intéressons à ces terres que domine le Bugarach et nous avons rencontré des éléments particulièrement « insolites » depuis Perpignan, en passant par Arles-sur-Tech, en rejoignant Alet et Notre-Dame de Marceille et, bien sûr, en rencontrant l'inévitable Rennes-le-Château.

Il m'a toujours paru important de répertorier ces lieux où, d'une façon ou d'une autre, « l'étrange » se manifeste, afin d'étudier, de comparer et d'émettre des hypothèses sans céder aux facilités qui consistent à invoquer sans cesse « le surnaturel ». Sur le terrain, dans la région qui nous intéresse et ailleurs, je m'informe, je visite, j'interroge les gens et l'histoire et je m'efforce de « ressentir » personnellement et objectivement.

Ainsi j'ai particulièrement étudié aussi toute les terres de l'étrange depuis le Rhône jusqu'au département de l'Aude. Je n'ai pas été déçu et je n'ai encore publié que quelques sujets dans un livre : *Sites étranges et mystères dans le sud de la France* (éditions Les 3 Spirales)

Dans le Midi de la France, le Sud-Est n'est pas en reste avec des sites que mon ami Guy Tarade a étudiés et qui posent de multiples questions sur des évènements que l'histoire officielle ne prend pas en compte.

En Bretagne, des pierres plantées dont on ignore par qui, pourquoi et comment, nous interpellent lorsque nous ne nous laissons pas influencer pour en attribuer l'installation aux Celtes. Une civilisation d'avant l'histoire connue est-elle arrivée de l'Ouest dans ces pays que l'on appelle aujourd'hui l'Europe ? Qui étaient ces inconnus et d'où venaient-ils ? Nous pensons à l'Atlantide quand de multiples vestiges inexpliqués nous posent autant d'interrogations...

Malgré les travaux des archéologues, des historiens et des savants qui se sont succédés, nous ne savons pas vraiment d'où nous venons et quelle a été l'histoire de l'humanité avant les glaciations qui ont effacé les traces de possibles civilisations antérieures et masqué l'aboutissement de leurs sciences plus proches de la nature. Bien des éléments disparates dont il ne reste « que des pierres » me paraissent liés depuis les plus vieux mégalithes jusqu'à notre époque, en passant par les pyramides d'Egypte et des Amériques. D'autres vestiges que nous ne voyons pas sont-ils à l'origine de mystères, ailleurs... et par exemple à Bugarach ?

J'ai imaginé une histoire de ces civilisations du silence dans un livre : *Les pouvoirs de la nature des Druides à aujourd'hui* publié en 2008 par les éditions Trajectoire.

7

DANS LA GROTTE DE BETHLEM

Nous revenons dans la région des Pyrénées plus près du pic de Montségur que de celui du Bugarach en un lieu que jadis les cathares ont connu, probablement en tant que sanctuaire.

Les grottes sont nombreuses et différemment utilisées : refuges, habitations, cachettes, temples, etc. Elles sont éparpillées dans les montagnes qui précèdent les hauts sommets de cette chaîne dont on a fait une frontière.

La grotte de Bethléem est facile d'accès et j'ai eu l'occasion de la faire visiter à des groupes venus dans la région pour effectuer des stages sur différents thèmes.

Ce jour-là, nous n'étions que quatre, Jean et Jeannette Blum,

CHARLY SAMSON

Kamina Brochka et moi. Par un petit sentier nous avons atteint la pittoresque entrée du terrain qui précède cette grotte peu connue.

Après avoir franchi cette porte qui me paraît symbolique, les visiteurs parcourent quelques dizaines de mètres dans un magnifique paysage à flanc de montagne.

Ensuite deux entrées permettent de pénétrer dans la grotte. Il y a « la porte des hommes » constituée par un couloir où l'on ne peut avancer qu'à quatre pattes ; et « la porte des dieux » beaucoup plus confortable.

Sans avoir rencontré le moindre touriste, c'est en silence et avec respect que nous entrons dans la grotte de Bethléem.

Elle est constituée d'une seule « pièce » où nous avons plaisir à évoquer les grandes figures du catharisme qui ont mené ici une vie spirituelle intense. Ils ont connu les douceurs de la civilisation occitane avant d'être confrontés à l'avidité de guerriers impitoyables qui, sous prétexte de défende la foi chrétienne, ont allumé des bûchers qui ont créé l'enfer sur terre.

Nous sommes dans un haut-lieu naturel qui n'a pas été travaillé ni modifié. La salle est vide et presque ronde. Sa surface doit être d'au moins cent mètres carrés. Aucune décoration à l'exception d'une étoile à cinq branches gravée sur une paroi.

Sur le côté se trouve une pierre posée sur des supports. Il a été dit qu'il s'agissait d'une pierre à sacrifices. C'est mal connaître la non violence des cathares. Cette pierre était probablement un autel.

Après quelques instants de silence, nous nous appuyons contre les parois et entreprenons calmement une agréable méditation.

C'est là que l'étrange vient à notre rencontre.

Chacun raconte ce qu'il a ressenti au cours de sa méditation qui a duré près d'un quart d'heure.

Je suis le premier à raconter ce que j'ai vu avec une étonnante précision :

« Plusieurs personnes en costumes du Moyen Âge sont rassemblées dans cette grotte. La grande ouverture est située à ma gauche. A l'extérieur, je vois une procession qui monte lentement sur un chemin le long de la paroi rocheuse et atteint la grotte. Je revois les mêmes personnages à l'intérieur avec notamment une femme brune aux longs cheveux, vêtue d'une robe de couleur sombre. Venant de l'extérieur, des cris, des appels et d'autres bruits se rapprochent et des hommes armés font irruption. Ceux qui sont dans la grotte se défendent avec l'aide de chiens... ou peut-être de loups... Profitant de la confusion, la femme brune s'empare d'un coffret que lui remet un homme et s'enfuit avec lui par une ouverture qui n'existe plus. Ils s'en vont en courant dans la montagne et je les perds de vue. »

Surpris par mon récit, Jean Blum raconte alors ce qu'il vient de voir :

« J'étais ici dans cette grotte avec des amis. Nous regardions monter la même procession le long de la falaise. Quand les assaillants sont entrés, j'étais parmi les défenseurs. Mais il était moins important de défendre les gens et le lieu que le coffret que je remets à une femme brune. Je protège sa fuite et je l'accompagne tandis que le combat continue dans la grotte où résonnent des cris et des aboiements. La femme me précède et disparaît dans la montagne...

Magie d'un haut-lieu, magie des pierres ou mémoire de leurs

cristaux, nous venions « de vivre » exactement la même scène à quelques mètres l'un de l'autre au cours de notre méditation. Une différence était cependant bouleversante, Jean Blum était acteur actif, tandis que j'étais seulement spectateur. Depuis, lorsque nous en parlons, nous retrouvons bien des détails qui correspondent. Nous nous posons des questions, mais nous ne pouvons formuler que des hypothèses...

Parmi ces personnages, ces situations et ces images, quelle est la part de mémoire des roches, soit de faits réel du passé conservés par les cristaux et quelle est la part de symbolisme véhiculé par tous ces éléments ?

La procession que nous avons vue était absolument identique dans nos descriptions.

Mais elle n'empruntait pas le sentier tortueux qui aujourd'hui mène à la grotte. Ce dernier a probablement été tracé pour y monter depuis le village actuel qui se trouve au pied de la falaise.

Du terre plein situé avant l'entrée de la grotte, on aperçoit par endroits les vestiges d'un ancien chemin le long de la falaise. C'est là que nous avons observé la même procession...

Nous n'avons pas manqué d'émettre des hypothèses en fonction des personnages et des objets que tous deux nous avons nettement vus ; mais sous des angles différents.

Nous avons étudié le contexte historique de la période qui a suivi le massacre de Montségur. Peu de temps avant la reddition des occupants du château, quatre personnages ont réussi à s'enfuir en emportant, dit-on, « le trésor des cathares ». Ils ont été aidés par la population pour échapper aux envahisseurs et mettre à l'abri leur précieux fardeau. Celui-ci n'était certainement pas un trésor matériel, mais un trésor spirituel qui pouvait être constitué de documents et d'objets plus précieux que de l'or. De cachette en cachette, de grotte en grotte, malgré les recherches des armées d'occupation et jusqu'à nos jours, le mystère demeure sur ce qu'est ce trésor et où il est en lieu sûr. Dans cette région, la grotte de Bethléem, bien d'autres grottes, des villages au passé mal connu et des vestiges mystérieux jalonnent des cheminements qui interrogent sans donner de réponses… L'énigmatique trésor est passé par là… et des roches et des pierres en gardent le souvenir.

De nombreuses hypothèses peuvent être émises. Pourquoi Jean Blum, originaire du cœur du pays cathare, s'est-il soudain passionné pour leur histoire et tout ce qui les concerne ? Pourquoi est-il si brillamment inspiré pour écrire à leur sujet des ouvrages qui dépassent en qualité ceux de beaucoup d'historiens officiels ?

Suite à la « vision vécue » dans la grotte on peut émettre « l'hypothèse de la réincarnation ». Mais il faut savoir raison garder surtout lorsqu'on évoque d'autres hypothèses que nous suggère la science nouvelle de la physique quantique.

Vers la fin des années 1980, je m'interrogeais à propos de monuments qui ont été les décors de l'existence de personnages célèbres dont l'histoire a été volontairement falsifiée. Souvent les écrits protègent des vérités officielles liées à des intérêts quelque peu inavouables. Une nuit, à la veille d'un voyage en Egypte, un rêve m'a dit et redit avec une étrange insistance : « C'est écrit dans la pierre. » Cette phrase née hors de mon mental est souvent revenue dans mes rêves et dans mes méditations. Son insistance me suggère qu'il s'agit d'une clé capable d'ouvrir des portes de vérités soigneusement cachées… comme la moelle vivante citée par Rabelais est cachée dans le vieil os apparemment mort...

Dans la grotte de Bethléem nous avons travaillé sur nos ressentis vibratoires. Sur cette photo Kamina Brochka étudie les réactions d'un homme allongé sur la pierre, dans un état sophronique de relaxation proche de l'état hypnotique.

8

UN BUISSON ARDENT... SUR LE BUGARACH

Nous revenons au Pic du Bugarach qui n'en finit pas de nous surprendre, même si nous avons accumulé bien d'autres surprises en visitant dans toutes les directions des lieux qui l'environnent.

Gardons-nous de transformer nos hypothèses en vérités, mais ne rejetons pas imprudemment celles qui se présentent à nous.

Lorsque mon ami Georges Kiess m'a proposé de me faire voir un véritable « buisson ardent » près du sommet du Bugarach, j'ai pensé tout de suite à l'épisode de la Bible qui décrit ce phénomène « miraculeux ».

Nous trouvons au second livre de Moïse, *l'Exode*, (III) le texte suivant : « *Moïse mena le troupeau derrière le désert, et il vint à la montagne de Dieu, à Horeb. Et l'ange de l'Eternel lui apparut dans une flamme de feu, du milieu d'un buisson à épines ; et il regarda, et voici, le buisson était tout ardent de feu, et le buisson n'était pas consumé. Et Moïse dit : Je ne me détournerai, et je verrai cette grande vision, pourquoi le buisson ne se consume pas. Et l'Eternel vit qu'il se détournait pour voir ; et Dieu l'appela du milieu du buisson, et dit : Moïse ! Moïse ! et il dit : Me voici. Et il dit : ôte tes sandales de tes pieds car le lieu sur lequel tu te tiens est une terre sainte.* »

C'était une belle journée du mois d'août et pour joindre l'agréable à l'utile nous sommes partis le matin, en famille, afin de profiter d'un pique-nique sur les pentes du Bugarach.

Georges nous avait prévenus que le phénomène du buisson ardent se produirait vers 17 heures et ne durerait que quelques minutes. Cela nous laissait du temps pour nous préparer à bien l'observer. Il nous précisa où il nous apparaîtrait… Effectivement vers 17 heures, un arbre qui par la perspective semblait se trouver devant la claire paroi ensoleillée du pic, devint incandescent. Il ne s'agissait pas d'un buisson, mais d'un arbre dont le feuillage paraissait brûler. Même avec des jumelles on avait l'impression qu'il se consumait… et cela dura quelques minutes qui nous permirent de photographier et de filmer. C'était surprenant et correspondait à la description de la Bible… Un miracle, ou une illusion ? …

Petit à petit « le feu s'éteignit » et l'arbre redevint normal, sans aucune trace de cet incendie.

Le soleil avait changé de position.

Lorsque la paroi très claire de la montagne, devant laquelle à une certaine distance l'arbre se trouvait, ne réfléchissait plus comme un miroir la lumière solaire à travers le feuillage, celui-ci perdait son apparente incandescence.

Nous venions de voir « le buisson ardent ». C'était un curieux effet de lumière ; et ce n'était pas non plus une illusion.

9

QUAND LES MAYAS S'EN MÊLENT ... EN 2012

Les Mayas sont constitués par un ensemble de peuples et d'ethnies sur une aire qui recouvre trois zones :

- le Nord, le Yucatan, péninsule du sud-est du Mexique. L'archéologie maya est très riche dans cette zone où l'on peut citer, entre autres, la célèbre dalle de Palenque qui interpelle tous les ufologues depuis des décennies. C'est à Palenque que se trouvent de nombreux édifices civils et religieux, parmi lesquels les temples du Soleil, de la Croix et celui des Inscriptions. Ce dernier est au cœur d'une haute pyramide. Une partie de la population du Yucatan parle encore un dialecte maya.
- le Centre, qui s'étend depuis l'Etat mexicain de Tabasco (entre le Guatemala et le golfe du Mexique) jusqu'au Honduras.
- le Sud, sur la côte pacifique et les hautes terres du Chiapas et du Guatemala. C'est au Guatemala que se situe Tikal qui fut la plus grande métropole maya dont le nombre d'habitants est estimé de 50 000 à 80 000. Les vestiges mayas sont très nombreux à Tikal où existe une pierre gravée présentant la plus ancienne date retrouvée de l'histoire maya : 292 de notre ère.

L'histoire de la civilisation maya remonte aux alentours de 2000 ans avant J.-C. Les premières sculptures et les premières pyramides sont datées du début de notre civilisation. La civilisation maya se développe jusqu'à l'an 1000, période à laquelle commence son déclin. A partir de l'an 950 de notre ère, un peuple venu de Tula (Mexique), les Toltèques, entament une certaine renaissance de l'empire maya, mais la conquête espagnole impose une évangélisation chrétienne qui à partir de 1511 ruine définitivement et détruit la civilisation des mayas.

Les conquérants espagnols se sont appliqués à effacer les traces des mayas dont ils ont brûlé la plupart des textes sacrés.

La littérature maya serait certainement un trésor pour l'humanité... Mais nous n'en possédons qu'une infime partie, difficile à saisir car les langues utilisées par cette civilisation étaient assez nombreuses. D'autre part, bien des éléments de cette écriture pictographique échappent encore aux savants de notre époque.

N'ont été conservés que quelques codex et un grand nombre d'inscriptions qui nous révèlent des textes historiques, mythologiques et prophétiques. C'est beaucoup, c'est précieux, mais est-ce suffisant pour en tirer des conclusions irréfutables ?

Nous savons que nos archéologues savent reconstituer un animal préhistorique à partir de la découverte d'un seul os. Peut-on affirmer que ces méthodes sont utilisables lorsqu'il s'agit de déterminer notre devenir à partir de prophéties incomplètes et passées aux filtres de traductions et d'interprétations ? Il est évident que chaque traducteur et chaque interprète possède ses propres convictions. Il est tout aussi évident qu'il peut être tentant de les faire confirmer par des interprétations appropriées, même en conservant sa bonne foi.

Il sera intéressant de constater des « coïncidences » qui semblent relier des études entreprises sur des textes des mayas, sur d'autres prophéties et sur des utilisations de symboles dont les significations sont révélatrices. Nous y rencontrerons des symboles communs aux mayas et aux templiers et des dates soulignées par Nostradamus. S'il est dit qu' « on ne prête qu'aux riches », car il est vrai qu'on leur a souvent prêté des déclarations fantaisistes, il ne faut pas au contraire négliger des correspondances qui ne sont pas les fruits du « hasard ». A ce propos j'ai en mémoire une phrase dont j'ignore l'auteur : « Le hasard est la manifestation de lois que nous ne connaissons pas. »

Mais avant d'établir des comparaisons et de les étudier, il me paraît important de tenter de mieux connaître ces fameuses « prophéties » que nous ont laissées les « calendriers mayas », en dehors du tintamarre qui actuellement risque de les noyer dans le sensationnel et les superstitions.

La fin du monde, c'est pour quand ?

Elle a été annoncée très souvent, et le monde est encore là. Un peu comme si les humains prenaient plaisir à se faire peur. Il est vrai que des sectes utilisent cette peur pour mieux « guider » leurs adeptes vers un comportement leur assurant d'être épargnés. Elles se réfèrent à des prophéties plus ou moins fantaisistes ou interprétées de façon tendancieuse selon leurs intérêts.

Il serait impossible de commenter, ni même seulement de citer, la multitude de textes qui annoncent depuis une dizaine d'années la prochaine fin du monde... en affichant des références qui n'apportent aucune garantie.

Par exemple une annonce est ainsi libellée : « *Selon les dires de plusieurs Oracles, comme Nostradamus ou encore la Sybille, la fin du monde ou l'apocalypse serait prévue pour le 21 décembre 2012.* » Malgré l'utilisation du conditionnel, « serait prévue », cette phrase se valorise en utilisant trois mots qui pour la plupart des lecteurs ne correspondent à rien de précis :

- Oracle, est la réponse d'une divinité à celui qui l'interroge. Cette réponse est réputée infaillible. Nostradamus et les Sybilles ne sont pas des « oracles ». Actuellement, un oracle est un jeu de cartes à valeur divinatoire.

- Nostradamus, a écrit des prédictions et des prophéties difficiles à interpréter. De pseudos érudits en profitent pour lui faire dire n'importe quoi. Dans toute son œuvre littéraire Nostradamus n'a cité que deux dates, 1792 et 1999... Cherchez 2012...

- La Sybille n'est pas un personnage, car il y en eut plusieurs. S'agit-il des sybilles chaldéennes, des sybilles de Cumes, ou d'autres encore ? Et dans quel texte sybillin l'année 2012 est-elle indiquée pour une éventuelle fin du monde ?

Cette phrase, et bien d'autres, on les trouve sur des sites internet où, en utilisant un langage apparemment savant, n'importe qui peut publier n'importe quoi…

Puisque internet a inondé sa toile d'annonces de fin du monde et de 2012, il faut suivre cette mode et ne pas paraître ignorant. Alors, se copiant les uns les autres, des « auteurs » et des journalistes empruntent cette voie ; puisque « c'est tendance » !

Cette annonce s'est amplifiée d'année en année, s'appuyant toujours sur des « prophéties mayas ». S'y mêlaient des interventions extraterrestres dont les avant-gardes seraient déjà sur notre planète. Des informations et des affirmations qu'il n'est pas possible de vérifier… Il me paraît évident que le fait de faire intervenir les extraterrestres et leurs supposés véhicules les ovnis aux annonces de fin du monde créé un lien avec le Bugarach.

Il ne m'a pas été donné de voir personnellement des ovnis dans la région du Bugarach. Par contre, je ne rejette pas ce phénomène et les témoignages qu'il a suscités et je possède des documents authentiques de leurs apparitions au cours de l'été 2.014.

Durant plusieurs années, j'ai animé à Montpellier le groupe d'ufologie du Crépel et travaillé sur le terrain avec mon ami Jimmy Guieu. Nous avons effectué des nuits d'observation notamment au sommet de la Madeleine près de Sète, sur le Mont Saint Loup, près d'Agde, et surtout au Pic Saint- Loup au nord de Montpellier. Nous avons vu et pris en photos des « lumières » qui n'ont pas été identifiées et j'ai mené plusieurs enquêtes auprès de témoins crédibles. J'ai publié quelques uns de ces éléments sérieux qui m'inspirent une question : « Pourquoi se focalise-t-on sur le

Bugarach sans évoquer le mont saint loup, la Madeleine et le Pic Saint-Loup ?

Des lieux pourraient être ajoutés au Bugarach, sans pour cela justifier la période, ou même la date, des évènements annoncés.

2012 années... à partir de quoi ?

Théoriquement le point de départ de notre civilisation, soit l'année zéro, est marqué par la naissance de Jésus-Christ. Notre premier calendrier a été réformé en 1582 par le pape Grégoire XIII. Mais son point de départ reste incertain car historiquement la date de naissance de Jésus-Christ n'est pas absolument déterminée et certains historiens affirment que six années au moins auraient été « oubliées » depuis cet évènement. Notre année 2012 correspond-elle à l'an 2018, ou à un autre millésime ?

Selon certaines compréhensions des calendriers mayas qui nous sont parvenus, ceux-ci considéraient le temps de deux façons. Ils avaient un calendrier du temps de la Terre, que déterminaient leurs grandes connaissances en astronomie, et un temps du Ciel que leur donnait un calendrier sacré.

Madame Fanchon Pradalier-Roy, une excellente astrologue avec qui j'entretiens d'amicales relations, a étudié ce calendrier, le Tzolkin, qui se décline sous forme de multiples de 13, soit 260 jours = 13 x 20. La base de calcul, le tun, correspond à une année de 360 jours, ce qui d'ailleurs était fréquent pour un grand nombre de cultures classiques anciennes. Cette déclinaison en 360 jours entraîne une différence graduelle avec notre calendrier grégorien. Ce nombre 360 correspond aux 360 degrés du cercle et donne une harmonique qui n'apparaît pas dans le calendrier grégorien qui dénombre 360 jours ¼.

Madame Pradalier-Roy remarque que les Mayas ont repéré 9 cycles principaux. Ils les ont représentés dans leurs pyramides à neuf degrés. La durée de chacun de ces cycles est de 13 fois une puissance 20 de cette année de 360 jours, et un rythme d'évolution inversement proportionnel. Tous ces cycles ne sont pas séparés, mais imbriqués les uns dans les autres. ils indiquent 9 périodes successives qualifiées « d'intermondes » qui commencent avec le Big-bang et s'achèvent avec le cinquième Soleil.

Il est particulièrement intéressant de prendre connaissance de cette étude que Madame Pradalier-Roy a publié sur son site internet : http://fanchonpradalier.typepad.com/mon-blog/ .
Elle considère que l'humanité s'apprête à franchir la neuvième marche et ses calculs aboutissent aux années 2011 / 2012 de notre calendrier. Mais elle n'en tire pas la conclusion qu'il s'agit d'une annonce de fin du monde.

**Elle cite un tournant astrologique
qui se situe le 21.12/2010 ou le 21/12/2012.**

Se référant à des chercheurs tels que Carl johan Calleman ou encore Barbara Hand Clow, elle indique que leurs calculs déterminent notre entrée dans cette neuvième et dernière marche, qui doit durer 260 jours, le 11 février ou le 9 mars 2011.

Les études les plus sérieuses, dont les bases sont cependant fragiles, puisque quelques fragments seulement de la science des mayas nous sont parvenus, peuvent faire naître des interprétations qui ajoutent des erreurs aux erreurs possibles. La recherche du sensationnel et le goût du catastrophisme sont censé intéresser particulièrement le grand public ; malgré les conséquences que tout cela risque d'entraîner.

Les « calculs mécaniques » ne sont pas les seuls à prendre en compte. Une dimension spirituelle était présente et importante chez les Mayas. Elle est toujours là en notre XXIème siècle dont il a été dit qu'il sera spirituel ou ne sera pas. Nous ressentons tous que l'évolution de nos sociétés s'accélère à un rythme qui est de moins en moins supportable. Nous sommes passés en moins d'un siècle de la voiture tirée par des chevaux aux avions supersoniques et aux satellites. Toutes les valeurs sont remises en question et les dates qui ont marqué les grandes étapes de ces transformations ne se sont pas manifestées par hasard. Je me sens dans l'obligation d'écrire un fois de plus cette phrase dont je ne connais plus l'auteur : « Le hasard est la manifestation de lois que nous ne connaissons pas. » Il faut en convenir, malgré les progrès de notre science, elles sont nombreuses les lois que nous ne connaissons pas... ou pas encore.

La fin du monde annoncée est une évidence si l'on considère qu'il s'agit de la fin du monde que nous connaissons, la fin de notre civilisation et la fin d'une fuite en avant qui ne nous mènerait que vers des catastrophes.

Le message des mayas ne nous annonce pas ces catastrophes mais un passage vers une nouvelle conscience individuelle et collective. Comme la graine que l'on met en terre et qui est détruite en tant que graine pour que la plante pousse et s'épanouisse, notre orgueilleuse civilisation doit disparaître avec l'aboutissement d'une « crise » planétaire qui ne peut pas se prolonger indéfiniment. Il semble que nous n'ayons pas à rechercher un abri pour éviter ce changement, cette révolution des consciences qui, après le douloureux passage que nous connaissons, aboutira à une libération des consciences. Les mentalités basées sur les progrès de la science depuis le XIXème siècle avec ses nouvelles conquêtes toujours tournées vers les richesses et les pouvoirs des uns aux dépens des autres, ne sont plus viables. Les progrès impliquent des responsabilités qui n'ont pas été respectées et des efforts sont aujourd'hui nécessaires pour gravir cette neuvième et dernière marche qui nous hisse au plus haut niveau de la pyramide. Au plus près du ciel, l'humanité accède à une conscience galactique qui touche à l'essence même de la vie, à l'Universel et au Tout.

C'est peut-être l'ultime évolution de l'espèce humaine qui va unir dans sa compréhension et dans ses comportements ces deux éléments autrefois séparés : la matière et l'esprit. Teilhard de Chardin l'avait déclaré, des civilisations antiques le savaient et nous le découvrons : « *Il n'y a pas de matière sans esprit, et l'esprit a toujours un support de matière.* » Toute matière est vivante d'une énergie vitale qui contient l'Esprit ; et toute énergie, jusqu'à nos pensées, est véhiculé par des éléments matériels. Nous mêmes, dans les éléments qui nous constituent au plus petit niveau de nos particules élémentaires nous somme faits de cette inséparable union de l'esprit et de la matière ; cette dernière n'étant d'ailleurs que de l'énergie coagulée.

Tout l'univers fonctionne ainsi et nous allons avoir accès à cette sublime harmonie d'une interdépendance qui est capable de nous enchaîner ou de nous libérer.

Des signes se manifestent. Nous les ignorons, emportés par le tourbillon artificiel de nos existences qui accorde peu de place à une observation saine sans l'influence quasi permanente des désinformations qui nous envahissent.

Ces signes sont autour de nous. Des civilisations comme des personnages ont tenté et tentent de nous éveiller. Mais combien de nos contemporains s'arrêtent pour les considérer et pour interpréter des concordances et des symboles qui parfois insistent face à notre indifférence… à nos peurs et à nos superstitions !

Un de ces symboles vient de m'interpeler en me faisant remarquer que ce chapitre porte le numéro 9…

10

DES MAYAS AUX TEMPLIERS ET À NOSTRADAMUS

Il est très difficile de déterminer des dates précises en prenant pour bases les indications qui figurent dans les éléments que nous possédons de calendriers mayas. Cette constatation n'a pas pour but de négliger la science de ces peuples dont les connaissances nous seraient précieuses.

Les dates du 11 février et du 9 mars 2011 ont été trouvées, mais aussi celle du 28 octobre 2011. Nous sommes entrés sur la dernière marche, mais auparavant nous avions atteint la huitième en 1999, une année sur laquelle nous reviendrons et qui pour certains annonçait aussi la fin du monde.

Selon des textes qui circulent, cette « fin du monde » est annoncée pour le 12 décembre 2012 ou pour le fameux 21 décembre 2012. Mais d'autres rumeurs affirment que ce sera pour 2013... peut-être pour faire durer le suspens.

Certains prétendent même que leurs calculs font ressortir l'an 2015 et même 2020. La nature de ces rumeurs médiatisées attire des gens qui s'intéressent à l'étrange et à ses mystères – plus ou moins surnaturels – et amplifie le phénomène. Sur internet, les sites se multiplient et les interprétations aussi, avec de curieuses explications sur les secrets que cache le Bugarach, la montagne seule capable de sauver ceux qui pourront s'y réfugier.

L'imagination est en marche ; et pas toujours désintéressée. Il arrive que des « stages » soient proposés pour aider à se préparer psychologiquement à affronter cet évènement. Ils évoquent parfois l'astrologie et le passage de l'ère des poissons à l'ère du verseau.

L' astrologie et les nombres
Nous éclairent

Nous venons d'aborder notre dixième chapitre. Le nombre 10 symbolise un tournant en passant des unités aux dizaines. Il affiche en premier le 1 qui annonce un commencement après ce tournant. Est-ce encore un hasard ? La lame 10 du tarot est représentée sur un vitrail de l'église de Bugarach...

Les nombres constituent, selon Pythagore, la véritable clef qui permette de comprendre la nature ordonnée et rigoureuse de l'univers.

Notre ami Serge Hutin, lorsqu'il a rédigé la préface du livre que j'ai écrit avec Kamina Brochka *Cours complet de numérologie, ou la vie secrète des Nombres* (éditions Trajectoire), s'est exprimé ainsi : «Dans le majestueux édifice des sciences occultes, les Nombres occupent une place privilégiée par leur valeur magique. Rappelons le nom gnostique sacré ABRAXAS OU ABRASAX, dont l'équivalence numérique (obtenue en substituant à chacune des lettres grecques qui le composent le chiffre qui lui correspond) donne exactement le nombre 365, celui des jours d'une année solaire. »

Nous avons étudié les nombres dans les diverses circonstances qui les font se manifester dans notre environnement, depuis notre date de naissance. Nous avons obtenu des résultats très intéressants en examinant des dates de naissance de personnages célèbres du passé ; sans que l'interprète sache de qui il s'agissait.

L'étude du « calendrier universel » est également éloquent. La dernière année universelle 22, se situe en 1993. Elle annonce un nouveau cycle aux possibilités ambivalentes : créations et découvertes, mais aussi évènements destructeurs. Ce maître nombre 22 qui rythme les grands cycles solaires, va marquer longtemps son influence, car ensuite la prochaine année 22 se manifestera dans plus de deux siècles. En cette longue période l'homme va-t-il être dépassé par ce qu'il a réalisé, tel l'apprenti sorcier ? Dans une année 22, l'irrationnel mal compris paraît semblable à l'absurde et au néant.

Dans notre - livre édité en 1995 - nous avons indiqué que cette longue période serait remplie de flottements et d'incertitudes pouvant conduire à des échecs malgré le savoir accumulé. Un destin nouveau peut mener à la folie. Il semble que ces menaces se mettent en place...

L'examen des années passées aux XXème et XIXème siècle confirme l'influence ou la révélation par les nombres de l'année universelle.

A titre d'exemples, examinons les années 22 du XXème siècle. Elles se sont manifestées 7 fois, de neuf ans en neuf ans.

- 1939 – (1+9+3+9 = 22) Fin évidente d'un cycle de paix avec le début de la deuxième guerre mondiale.

- 1948 – Après ce conflit, c'est l'installation de « la guerre froide ». En Chine, c'est la prise du pouvoir par Mao Tsé Toung qui sera élu président de la République populaire de Chine.

- 1947-1948 – Création de l'Etat d'Israël.

- 1957- En France, c'est l'évolution du marasme politique qui se soldera par l'avènement de la cinquième République.

- 1966 – C'est la fin d'une accalmie sociale qui annonce la préparation de remous dont le point culminant se situera en 1968 en France et dans d'autres pays.

- 1975 – L'Europe subit les conséquences d'un « choc pétrolier » qui annonce le début d'une longue crise économique.

- 1984 – l'URSS entame une évolution politique qui va entraîner la disparition du régime en place depuis plus de 70 ans. En géographie politique, l'Europe est profondément transformée.

- 1993 – Année noire sur le plan social en France, en Europe et dans le monde. La machine mondiale semble se « détraquer » de plus en plus, d'une manière qui paraît irréversible en de multiples domaines.

Cette dernière année 22 de notre siècle et du siècle suivant semble installer pour longtemps une évolution négative et dangereuse sur toute notre planète. Le 22 n'est pas un nombre qui stimule les affaires de profit ou professionnelles. Il s'adresse davantage à l'émotionnel, au spirituel, à l'imagination, à la création et au domaine des arts. Il est capable d'apporter des bouleversements importants : destructions, ruptures, prise de conscience dans des domaines qui peuvent concerner l'humanitaire, le religieux ou le mystique jusqu'au fanatisme. L'humanité est entraînée vers une instabilité qui semble ne plus pouvoir s'arrêter.

Dès cette année 1993, nous écrivions dans notre livre sur les Nombres : « *Les évènements politiques et religieux, les inventions industrielles militaires ou médicales s'engouffrent dans ce tourbillon vertigineux. Il semble que l'être humain veut être le maître absolu de tout, de la nature comme du cosmos et prétende s'identifier à Dieu.* » **(page 192 de l'édition de 1995)**

Et 2012 ?

Cette année qui a préoccupé et inquiété est une année universelle 5. L'année 1994 était aussi une année 5 qui a connu le développement des éléments mis en place en 1993.

Le symbolisme du nombre 5 est extrêmement riche et souvent représenté par l'étoile à cinq branches, le pentagramme qui place l'être humain entre le macrocosme et le microcosme. L'homme devient un être cosmique tel que l'a représenté Léonard de Vinci. Des changements importants peuvent intervenir, qui sont toujours sous l'influence du 22.

1966 fut-elle une année charnière ?

Ce n'est que lorsqu'un évènement est entré dans notre passé que nous pouvons nous rendre compte de son éventuelle importance.

Nous vivons tous des expériences personnelles, même si parfois nous n'en sommes pas conscients.

Au mois d'avril de 1966, qui est une année 22, je venais d'avoir trente huit ans. Ma curiosité pour les sciences parallèles, les faits étranges et les mystères du passé motivaient mes recherches dans tous ces domaines. Je ne me contentais pas de lire, mais je m'efforçais de connaître les auteurs des ouvrages qui m'impressionnaient le plus.

Parmi ceux-ci j'avais lu et relu *Le Matin des Magiciens* de Louis Pauwel et Jacques Bergier. Je m'étais inscrit aux ateliers « Planète » créés par Louis Pauwel, ce qui me donnait l'occasion de le rencontrer et de profiter de conversations très intéressantes.

Au cours de réunions en divers lieux : Saint-Pierre de Chartreuse, Charenton le Pont, etc, j'ai rencontré des personnages pittoresques. J'ai ainsi connu des érudits, des poètes et des visionnaires. Mais certains véhiculaient des idées et des projets dont je ne saisissais ni le sens profond, ni les buts. On y trouvait un peu de tout : les Hippis, le retour à la nature, le désir de vivre en communautés. Je ressentais confusément qu'il y avait là des ferments difficiles à maîtriser et dont les aboutissements étaient incertains. Calmes ou exaltés, ils sortaient du cadre de la société que je connaissais. Ils formulaient des critiques, pour la plupart justifiées, sans proposer des solutions autres que leur désir de créer une « nouvelle civilisation basée sur une conscience planétaire atteignant un niveau galactique ».

Curieusement il m'a fallu attendre 2011 pour retrouver cette phrase chez des traducteurs de textes Mayas qui, de plus, citent l'année 1999.

Curieusement aussi, , c'est depuis le mois de mars 2011 que nous vivons une accélération des évènements. Les catastrophes planétaires semblent s'accumuler avec des inondations, des sècheresses, des tsunamis, des tremblements de terre et des éruptions volcaniques qui détraquent dangereusement les plus sophistiquées de nos réalisations humaines : transports aériens, industrie nucléaire, etc.

Des misères s'accumulent dans le monde en crise et des mouvements inattendus secouent les jeunesses qui rejettent les vieilles méthodes du XXème siècle et s'affranchissent grâce aux progrès techniques que ce siècle a mis en place. Les relations faciles et extrêmement rapides que leur offre internet et les téléphones portables leur permet de s'exprimer et de défier les multiples censures qui tentent encore de s'imposer.

Des   mouvements qui paraissent spontanés atteignent l'Europe. Ils font suite à ce qui a été appelé « le printemps arabe ». Depuis « la Puerta del Sol » de Madrid (tout un symbole) , ils s'inscrivent dans un projet aussi vague que ceux de 1966 pour se propager à une échelle quasi mondiale ; mais ils sont récupérés...

Nous sommes au bord d'un effondrement inattendu, car nos fiers responsables de tout bord n'ont rien vu venir. Ils n'ont pas plus compris 2011 que ce qu'ils avaient compris 1966.

En France, il parait évident que les racines de 1968 se situent en 1966.

L'astrologie confirme cette évolution.

Je ne me risquerais pas à évoquer l'astrologie, qui est « une science » complexe, sans me référer à des astrologues dont la compétence est avérée.

Une fois de plus, et avec son accord, je prends pour référence Madame Fanchon Pradalier-Roy qui commente les évènements de notre récent passé et ceux qui sont annoncés de différentes façons, mais avec une surprenante convergence.

Elle cite un article paru dans « Libération » le 18 janvier 2011, article qui a pour titre : *1966, une année clé* . Ce texte fait état de cours donnés au Collège de France par Antoine Compagnon, professeur de littérature. L'auteur expose que l'année 1966 est plus importante que 1968 car les racines des évènements du mois de mai 1968 se situent en 1966. Des essais littéraires et même des chansons reflétaient une ambiance naissante qui allait assez rapidement se développer. Propos faciles à vérifier et qui confirment mes impressions ressenties confusément en 1966.

Madame Fanchon Pradalier-Roy souligne que « *pour l'astrologie c'est une évidence car c'est bien en 66 et même en 65/66 que les relations entre les planètes Uranus et Pluton ont annoncé l'importance considérable de la crise que le monde connaît actuellement. C'est en 1966 qu'a débuté avec Uranus et Pluton un cycle de 138 ans qui s'achèvera en 2104.* »

Depuis 1966, les évènements de 1968, comme ceux de plus en plus importants qui se sont succédés, et ne cessent de se succéder, préfigurent des évènements extrêmes qui concernent les premières décades du XXIème siècle.

Nous revenons aux calendriers Mayas qui, selon le professeur

Carl Johan Colleman, datent la fin du dernier cycle en 2011 et la fin du calendrier le 28 octobre 2011.

Des commentateurs de ce calendrier ont traduit ces dates en y trouvant des prophéties selon lesquelles doit intervenir un évènement unique mais considérable : « l'avènement d'une nouvelle conscience planétaire atteignant un niveau galactique entre 1999 et 2010. »

Avec la citation de l'année 1999, nous trouvons une convergence qui mêle Nostradamus à la longue liste de ceux qui ont étudié les « prophéties » pour l'époque que nous vivons et les années à venir.

Nostradamus et l'année 1999.

Nous avons rapidement évoqué Nostradamus à propos d'une ville du Razès qu'il semble avoir connue : Alet-les-Bains.

Dans une série de quatrains, il cite assez clairement cette région en « confirmant » la présence d'un tombeau renfermant le corps du « Grand Mort du Razès ». Ainsi Nostradamus s'inscrit dans les mystères du massif du Bugarach et de Rennes-le-Château, recherches qui actuellement sont entreprises historiquement et sur le terrain. Des textes, des légendes et des énigmes non résolues semblent indiquer la présence de Jésus et de Marie-Madeleine dans cette région. Mon ami Christian Doumergue a publié une série d'ouvrages très documentés sur ce sujet. Dans son œuvre littéraire particulièrement dense,

Nostradamus n'a cité que deux dates, 1792 et 1999, que j'ai commentées dans mon livre *Le Véritable Nostradamus* - éditions Trajectoire.

Nostradamus est avare de dates. C'est volontairement qu'il ne donne pas d'indication de temps. Il commente clairement cette décision dans un passage de sa *Lettre à Henry, roi de France, second* : « J'aurais pu, ***si je l'avais voulu***, mettre dans chaque quatrain un calcul de temps ; mais ça n'aurait pas plu à tout le monde, et encore moins mes interprétations. »

Il était prudent pour lui-même, car il savait que l'Inquisition le surveillait, et pour la conservation de son œuvre.

1792 – Il indique la fin de la monarchie et l'avènement de la république.

1999 – Pour cette date, il donne une indication supplémentaire en ajoutant sept mois à 1999. Mais il ne précise pas si c'est plus ou moins sept mois... Son quatrain est énigmatique pour cette année qui ne peut être qu'exceptionnelle :

> *« L'an mil neuf cent nonante neuf sept mois,*
> *Du ciel viendra un grand Roy d'effrayeur,*
> *Ressusciter le grand Roy d'Angoulmois,*
> *Avant après mars régner par bonheur. »*

Le roi est celui qui règne souverainement. Dans notre ciel, c'est le soleil qui remplit le rôle d'imposer sa volonté aux vies qui dépendent de lui.

Nostradamus était astrologue. Lorsqu'il cite « mars » il peut s'agir du mois du printemps et du renouveau ou du dieu de la guerre. Mais dans cette hypothèse, il n'aurait pas précisé que Mars règnerait « par bonheur ».

Ce quatrain m'a emmené à une étude où se mêlent la

numérologie, le symbolisme, les Tarots et l'astronomie. J'ai tenté de démêler tout cela et de l'expliquer en une vingtaine de pages.

En 1989, un dérèglement important a été décelé dans le comportement des satellites, suite à une tempête solaire. Notre monde moderne est extrêmement fragile en raison de l'utilisation de techniques dont nous dépendons et qui dépendent, elles, de forces qu'elles ignorent ou qu'elles méprisent.

Les sciences antiques nous ont transmis une connaissance de la puissance vibratoire des Nombres qui était basée sur des réalités que notre civilisation découvre peu à peu. Le 11 et le 22 sont qualifiés chacun de « Maître Nombre ».

Notre science « a découvert » que le grand cycle solaire dure 22 ans, tandis que chaque onze ans la moitié d'un grand cycle produit une tempête solaire plus ou moins intense.

Le 13 mars 1989 des taches sont apparues sur le soleil lors de l'inversion du champ magnétique. Des éruptions fantastiques ont accompagné des tempêtes solaires qui ont éjecté, à une vitesse de plus de 2 000 kilomètres par seconde, plusieurs millions de tonnes de gaz et de particules ionisées. Il a été observé un immense nuage de plasma auréolant notre planète qui est heureusement protégée (?) par son champ magnétique. On croirait de la science fiction ; mais il s'agit du résultat d'une rigoureuse observation scientifique.

Nous savons que l'activité des taches solaires intervient tous les 11 ans. Donc la tempête solaire suivante est intervenue en 2000.

Et nous retrouvons la fameuse date *1999*. Nostradamus a précisé 1999 sept mois et sept mois après cette date, c'est la tempête solaire de l'an 2000.

En 1989, une matière puissante bien qu'impalpable et

invisible a été éjectée du soleil et a auréolé notre planète. Quelles en ont été les conséquences onze ans plus tard lors d'une période désignée par Nostradamus ? Ce ne sont pas forcément des conséquences visibles en 1999, mais la mise en place d'une période nouvelle qui va entraîner des changements profonds. Il est évident que depuis le début du XXIème siècle des changements se manifestent dans de nombreux domaines. Nous les avons cités. Ils créent des bouleversements planétaires multiples et pour la plupart irréversibles...

11

Être sauvés à Bugarach

Le Pic de Bugarach est vraiment un lieu magique... mais dans le véritable sens de ce mot. Tel un souverain accueillant mais secret, il domine sa région. Il semble maîtriser les forces de la nature qui l'envahissent et lui confèrent une personnalité redoutable dans sa majesté.

Il est né de bouleversements géologiques particuliers qui sont à la base – dans tous les sens de cette expression – des intenses vibrations qui l'animent : forces cosmiques, forces telluriques, courants d'eau, réserves de sel, et multiples grottes et cavernes pour la plupart inconnues qui sillonnent ses profondeurs. Le vent caresse ses flancs, mais parfois semble lui manifester une certaine hostilité. Il joue avec le soleil en créant des illusions qui nous rappellent la beauté de récits bibliques.

Les quatre éléments de notre univers jouent avec le Bugarach. La terre depuis la poussière presque impalpable de ses sentiers jusqu'aux roches cyclopéennes qui le coiffent. L'air et le feu du vent et du soleil qui l'enlacent chaque jour. L'eau qui n'est pas que celle que lui offre la pluie, mais aussi l'eau de ses sources qui puisent dans ses profondeurs d'étranges saveurs.

Les éléments de la matière ne font pas tout le Bugarach. Quelle vie anime cette masse depuis ses entrailles jusqu'à sa surface que nous connaissons plus ou moins bien ? Jean de Rignies fut un pionnier qui tenta de percer les secrets du Géant des Corbières ; mais les mots de notre langage ne lui permirent pas de nous faire entièrement partager avec lui ce qu'il vit et ce qu'il ressentit.

Quel est le grand secret du Bugarach. Les hypothèses vont bon train : refuge de survivants d'une ancienne civilisation, base secrète d'ovnis et d'extraterrestres, refuge qui se révèlera lorsque l'humanité sera en perdition ? ...

Chacun conçoit à sa façon « la réalité » de ce Pic qui semble rayonner sur toute une région où les énigmes de l'histoire se mêlent aux mystères de notre temps. Evoquer une vie autre que seulement matérielle peut entrainer vers des hypothèses qui ne manquent pas d'évoquer le surnaturel et ses interventions. Sans nous réfugier dans les élucubrations de l'imagination et les envolées de la poésie, nous pouvons évoquer « une vie spirituelle » en nous référant simplement à la science de notre époque qui est en accord avec des cosmogonies antiques.

La théorie du Big-Bang confirme la création de la matière par l'Esprit. Lors de l'explosion (ou implosion) d'un point sans dimension qui contenait en puissance tout notre univers, par l'intervention d'une énergie primordiale que nous pouvons appeler Dieu, le Grand Architecte ou l'Energie créatrice, tout ce qui allait devenir notre univers fut libéré. L'Energie créatrice, donc la vie, se mêla aux particules élémentaires qui en se coagulant constituèrent les éléments de la matière : eau, air, terre. Toute matière est composé d'atomes qui eux-mêmes contiennent « un univers » de particules élémentaires (électrons, neutrons, protons, etc.) qui en même temps sont matière et esprit. Porteurs de l'Energie créatrice, donc de la vie, tous ces éléments vivent, vibrent et rayonnent et sont en interférence avec nos propres vibrations, nos propres rayonnements et notre propre vie. Se peut-il qu'en certaines circonstances, qu'en en certains lieux, des effets de syntonie nous permettent de recevoir leurs vibrations, leurs informations et que des échanges se produisent ?

C'est peut être le cas parfois au Bugarach et ailleurs... Mais comment reconnaître ces contacts vibratoires avec la vie dans la matière sans risquer d'être envahi par l'imagination ?
Il est possible qu'en certains lieux ces « échanges » soient

plus fréquents. C'est souvent le cas dans des édifices construits sur des émergences telluriques et dont l'architecture fut conçue dans ce but par des civilisations qui savaient. De vieilles chapelles, des églises romanes et des cathédrales construites sur l'emplacement d'anciens temples nous offrent parfois ces rencontres.

Bouleversements sous haute surveillance.

Nous avons constaté que depuis des millénaires l'époque que nous vivons et les premières décades du XXIème siècle ont été « repérées » par de véritables savants à partir de sciences antiques, de la puissance symbolique des Nombres, de l'étude du ciel par l'Astrologie et par l'Astronomie. Désigner une époque qui sera une charnière dans l'évolution de l'humanité et annoncer les profonds bouleversements qui se produiront dans tous les domaines ne constituent pas l'annonce de « la fin du monde ».

La fin d'une civilisation dans tout ce qu'elle représente : organisations sociales, philosophiques, religieuses, économiques, politiques, culturelles et la façon de vivre avec des changements de mentalité, sont des bouleversements que les humains ont vécu maintes fois dans leur histoire connue et probablement dans celle que nous ne connaissons pas.

Les profonds changements climatiques qui s'annoncent font suite à d'autres évolutions qui, malgré quatre glaciations, n'ont pas détruit l'humanité. Il est vrai que ces changements sont parfois accélérés par les progrès de nos techniques dont les effets sont réellement inquiétants. Je pense à une phrase d'un célèbre visionnaire Edgard Cayce : « L'homme donne un coup de pouce et les éléments font le reste. » Il évoquait ainsi la disparition de l'Atlantide qui par sa science et ses techniques aurait déclenché des catastrophes climatiques. Nous n'en sommes pas loin...

Tous les avertissements des prophéties et les déductions de sciences différentes n'atteignent pas les puissants dont nous dépendons. A travers les siècles, notre époque est désignée et semble être sous surveillance en raison de « la folie » de ceux qui décident pour les peuples. Par exemple, quand ils se lamentent sur la fonte de la banquise dans l'arctique, ils accélèrent ce processus qui leur offrira de nouvelles routes maritimes et leur permettra d'atteindre de riches gisements qu'ils commencent à se disputer. De nouveaux conflits s'annoncent... (après la fin du monde.)

A juste raison les gens ont peur. Alors ils sont manipulés par des rumeurs qui se répandent dans le grand public avec l'aide des médias toujours alarmants, chacun s'efforçant d'en annoncer plus que son concurrent.

Les bouleversements annoncés et dont les prémices sont perceptibles, sont transformés en une catastrophe définitive : « la fin du monde ».

Cette petite phrase répétée de toutes parts a créé une psychose qui s'est développée à cause des surenchères qui n'ont pas manqué d'être exprimées. De vielles peurs ancestrales se sont réveillées, des idées moyenâgeuses et leurs superstitions se sont installées avec des interventions d'éléments surnaturels aussi mystérieux que terrifiants.

En 2012, toujours manipulées par les désinformations organisées, les foules se sont communiqué cette ambiance qui n'a fait envisager que deux solutions : soit la résignation, soit la recherche d'un refuge.

Le Bugarach, ultime refuge.

Pourquoi le Bugarach est-il désigné comme ultime refuge pour échapper à la catastrophe finale ? Des rumeurs venues d'on ne sait d'où et propagées par on ne sait qui.
Tout ce que nous avons cité dans ce livre et que le grand public connaît plus ou moins, avec des déviations inévitables,

contribue à faire de cette région un lieu particulier. On pourrait trouver l'équivalent en d'autres régions, mais la rumeur n'éparpille pas ses informations ce qui permet aux médias de s'emparer de l'affaire. Ils n'ont pas manqué de le faire depuis que le quotidien régional Midi-Libre a consacré un article à cet évènement le 30 novembre 2010.

France-Télévision ne pouvait pas être en reste, bientôt suivie par France-Info, Le Figaro, Daily Télégraph, France-Soir, Le Journal du Centre, Le Quotidien du Tourisme, Le Télégramme, etc.

Dans le courant du mois de février 2011, j'ai été contacté par un journaliste de la télévision espagnole, la chaîne « La Cuatro TV de Madrid ». Pablo Villarrubbia Mauso projetait de réaliser un reportage sur le Bugarach en venant interviewer des personnes qui en France s'y intéressaient. Il est venu chez moi avec son équipe. Mon épouse Kamina Brochka et moi-même avons répondu à ses questions dans le sens dans lequel je traite ce sujet dans mon livre. Pablo Villarrubbia anime avec talent une série d'émissions sur l'étrange et il est très intéressé par tout ce qui se dit et s'écrit actuellement à propos de Bugarach. Ensuite c'est la chaîne de télévision « la quatro de Madrid » qui est venue nous interviewer. Enfin j'ai reçu un journaliste de FR3 à qui j'ai tenu les propos correspondant à l'opinion que j'exprime dans ce livre. Ce n'est certainement pas ce qu'il attendait car je ne lui ai pas confirmé la fin du monde, le sauvetage des rescapés sur le Bugarach et les petits hommes verts. Dans son souci d'objectivité, FR3 n'a pas passé mes déclarations. Après la date annoncée c'est le journaliste qui avait l'air malin. D'autant plus que je n'avais pas manqué de lui dire que le comportement des médias me paraissait scandaleux car leur « promotion » de l'annonce de la fin du monde était enregistrée par de jeunes enfants qui en parlaient entre eux à l'école et exprimaient leur peur à leurs parents. La recherche de l'audimat a vraiment des effets pervers…

Ce fut une véritable avalanche de reportages qui, la plupart du temps sans vérification, prennaient leur source dans les affirmations de ce que des journalistes qualifient de « théories occultes ».

On y trouvait des explications selon lesquelles ce village des Corbières qui se trouve sur la Méridienne Verte serait l'un des rares sites terrestres à échapper à la prochaine fin du monde. Suivaient des dates qui s'échelonnaient jusqu'en 2013 ou même plus tard. Parfois apparaissaient des propositions de stages afin de se préparer à cet évènement.

L'imagination était en marche, et pas toujours désintéressée. Sur internet le phénomène fut amplifié par des sites qui se multipliaient où n'importe qui publiait n'importe quoi. On y découvrait de curieuses hypothèses sur les secrets que cache cette montagne qui serait « la porte des étoiles » et aurait pour mission de canaliser les énergies lors du « grand passage en 2012 ». D'autres évoquaient le Graal, l'arche d'alliance, le trésor des templiers et le trésor de l'abbé Saunière. Nous n'avions que l'embarras du choix. D'autres encore justifiaient la mission de sauvetage du Bugarach par la présence de Jésus en ses flancs.

Il est évident que tous ces projecteurs braqués sur le Bugarach en ont fait un évènement mondial. Certains s'inquiétaient, d'autres souriaient ; mais dans la région ce retentissement finit par atteindre la population dans son quotidien.

La vie quotidienne à Bugarach   (à l'annonce de la fin du monde)

Depuis le début des années 1970 je fréquente régulièrement la région de Rennes-le-Château. Avec bon nombre d'amis nous venions échanger nos idées, nos hypothèses et les résultats de nos modestes recherches. Nous nous retrouvions parfois dans le village de Bugarach.

Bugarach a toujours été un lieu calme et paisible où nous nous arrêtions sans être envahis par les idées qui s'y bousculent aujourd'hui. Sur les pentes du pic, à son sommet et dans les magnifiques paysages qui l'entourent, que de repas sur l'herbe à l'abri des tumultes des lieux touristiques. Les touristes étaient rares. Il s'agissait plutôt de marcheurs et d'amoureux de la nature. Sur la terrasse du petit restaurant blotti dans une rue étroite, une véritable gastronomie régionale nous régalait. Au- dessus de nous ce n'étaient pas des ovnis, mais de majestueux oiseaux, des aigles qui glissaient au fil des courants autour du pic.

Dans le village, on ne rencontrait que de rares personnes qui vaquaient à leurs occupations sans se soucier des quelques marcheurs aux allures particulières qui déjà apparaissaient de temps en temps.

Et voilà que les rumeurs sont apparues. Les journaux de la région ont publié des titres sensationnel tels que : « Bugarach attend la fin du monde », « Bugarach seul rescapé de la fin du monde », etc. Ce ne pouvait pas être sans conséquences, d'autant plus que les articles qui suivaient ne manquaient pas d'en rajouter : « De nombreuses personnes en France et à l'étranger ont loué des maisons dans le village en prévison de la fin du monde » ... « Selon certains prophètes (lesquels ?), Bugarach fait partie des sites terrestres qui échapperont au grand cataclysme final. Le village sera sauvé. Il paraîtrait même que des Américains auraient réservé leurs billets pour venir à Bugarach. » Il a été écrit aussi que des vaisseaux spatiaux sont entreposés dans une base souterraine dans le pic pour évacuer les réfugiés. Certains ont affirmé les avoir vus atterrir.

Par contre, toute personne immobile ou en méditation sur les pentes du Pic était rapidement qualifiée d'illuminée. Le maire de Bugarach ne cachait pas son inquiétude. Interrogé par la presse locale, il déclarait qu'avec internet le mouvement prenait de l'ampleur et précisait qu'un riverain qui veut vendre en a profité pour faire monter le prix de sa maison. D'autres personnes exprimaient leurs craintes pour les jeunes agriculteurs qui auraient des difficultés pour s'installer en raison de l'augmentation des prix des terrains agricoles dans le secteur.

Devant l'affluence de gens qui étaient annoncés pour venir se réfugier à Bugarach, le maire semblait céder à la panique lorsqu'il déclarait à un journaliste : « Il va falloir que je fasse boucler le village par l'armée. Je ne plaisante pas. »

Fallait-il en rire ou s'en inquiéter ? On s'acheminait vers une nouvelle version de Clochemerle. J'en étais convaincu... et la suite l'a confirmé.

On peut penser que les Mayas, pas plus que Nostradamus, ni que les astrologues et numérologues qui ont prévu les évènements dont de curieuses interprétations ont abouti à une nouvelle peur de la fin du monde, n'avaient souhaité que leurs études soient ainsi dévoyées avec les conséquences que l'on sait.

Ces interprétations ont endormi la lucidité de ceux qui s'en accommodaient et qui se réfugiaient dans des espoirs de sauvetages par des forces extérieures à eux. Ils auraient du considérer les qualités d'un proverbe qui nous donne un conseil : « Aide-toi et le ciel t'aidera ».

En examinant objectivement la situation planétaire actuelle dans toutes ses composantes, en s'efforçant de comprendre le sens des évènements qui nous sont annoncés, ne pouvons-nous pas considérer que nous avons d'autres rôles à jouer que celui d'attendre une fin du monde hypothétique en espérant que des forces invisibles se mettront en mouvement pour nous sauver ?

12

DES FINS DE MONDES EN PRÉPARATION

La beauté du Bugarach et toutes les qualités qui lui sont prêtées ne nous autorisent pas à lui confier notre destin comme les humains savent le faire quand dans leur désarroi ils se confient à un homme providentiel. Les désillusions furent nombreuses au cours de l'Histoire dans des temps éloignés et dans des temps proches de nous.

Que l'on soit croyant ou pas, il est toujours bénéfique de penser que c'est en nous que sont réunies les forces capables de nous apporter leur aide dans les situations les plus difficiles. C'est à mon sens rendre hommage au créateur que considérer qu'il a offert à sa créature tous les éléments lui permettant de faire face à bien des difficultés.

Nous sommes libres d'utiliser ces forces ou de les négliger. Il est vrai que la liberté est un exercice recherché mais très compliqué à mettre en application. Si se faire aider constitue une nécessité pour affronter des dangers et des obstacles, ne compter que sur des aides venant de l'extérieur est une démonstration d'impuissance dans une absence de confiance en soi. Une fois de plus intervient notre vieux proverbe: « Aide-toi et le ciel t'aidera ».

Aucune prédiction, aucune prophétie, aucun texte de quelque origine qu'il soit ne nous conseille de nous abandonner à la résignation et à la recherche de solutions aléatoires.

La nature même de la prophétie est en contradiction avec la résignation ; au contraire. La plupart des textes prophétiques sont exprimés sous forme d'avertissements qui signifient : « Si vous ne faites pas ceci, il vous arrivera cela. »

La meilleure des prophéties est celle qui ne se réalise pas… parce qu'on a compris l'avertissement. Cassandre avait prophétisé aux Troyens : « Si vous laissez entrer le cheval, il vous arrivera malheur. » Les Troyens pouvaient laisser leurs portes fermées ; mais ils les ont ouvertes… et le cheval est entré. Nous connaissons la suite. La ville fut détruite.

Bien des textes qui nous informent sur notre futur n'annoncent pas des évènements inéluctables. Certains peuvent être retardés ou même évités.

Nous savons que notre technologie participe à notre destruction : modifications accélérée des climats, conséquences sur la santé des vibrations auxquelles nous sommes confrontés en permanence - nous qui sommes vibrations -, altération de notre alimentation et de nos conditions de soins, évolution pernicieuse des mentalités alors que des réactions positives apparaissent. Dun côté, la perte des valeurs essentielles de respect et d'amour avec le culte de la violence ; et de l'autre, de « l'indignation active » avec un désir de changement. Qui l'emportera : le nombre ou le pouvoir qui détient la force ?
Notre planète semble participer à ces réactions en secouant de plus en plus ces parasites que nous sommes devenus.

Donnerons-nous le coup de pouce qu'évoque Edgard Cayce pour déclencher des cataclysmes irréversibles qui, sans qu'il s'agisse de fin du monde, constitueront des catastrophes inimaginables ?

Ce coup de pouce est là, à notre portée, selon la volonté des décideurs qui ne s'inquiètent pas de notre avis. Des évènements nous ont prévenus tragiquement… mais ils n'ont pas compris.
Un simple accident ou incident imprévu peut à tout moment activer des réactions et faire s'abattre sur des millions d'êtres humains des particules mortelles et causer une série de génocides dont notre stupide civilisation ne se relèvera pas.

Pouvons-nous accepter ce risque qui ne nous laissera pas le temps de rejoindre le Bugarach ?

Les responsables de notre destin ont-ils le droit de jouer avec nos vies ?

Ce n'est pas hors sujet si je m'adresse à eux dans un pamphlet qui dénonce leur indifférence face à une possible « fin de notre monde ». Ils en seront responsables, eux qui prennent le risque de commettre un effroyable crime contre l'humanité. On ne peut plus penser « Cela risque d'arriver », mais on ne peut que s'interroger : « Quand cette explosion se produira-t-elle ? »

Alors, quel tribunal sera encore là pour les condamner ?

VOUS N'AVEZ PAS LE DROIT

Vous, qui que vous soyez, vous n'avez pas le droit
D'hypothéquer nos vies pour votre gloriole,
De condamner à mort les naïfs qui vous croient
Lorsque vous les trompez par de belles paroles.

Depuis Hiroshima, depuis Nagasaki,
Nous savons ce que vaut l'énergie nucléaire.
Elle profite à quoi, elle profite à qui
En détruisant la vie dans des villes entières ?

Vous n'avez pas le droit, monarque ou président,
Chef d'Etat dont les noms sont sortis de vos urnes,
Grand roi de « droit divin », orgueilleux prétendants
De nous sacrifier pour vos rêves nocturnes.

Dans les folles idées de vos cerveaux branlants
Qui n'ont pour intérêt que votre pauvre gloire,
Nous ne pouvons trouver que l'avenir brûlant
De l'atome en folie qui construit notre histoire.

Menteurs, vous prétendez nous offrir le confort

Charly Samson

D'une riche énergie pour nous indispensable.
Vos médias asservis le publient haut et fort,
Mais vous ne construisez que du feu sur du sable.

Vous n'avez pas le droit de nous faire courir
Les risques assassins d'un futur génocide.
Par votre volonté bien des gens vont mourir
Dans les folles douleurs de maladies perfides.

Tous vos fiers réacteurs un jour vont réagir
Et libérer la mort du fond de leurs entrailles.
Nous sommes conscients. Nous voudrions agir,
Mais subissons le joug de vos pouvoirs sans failles.

Alors que près de nous des peuples révoltés
Luttent pour conquérir une existence digne,
Pourquoi ne pas lutter pour la vie, la santé
Et l'avenir de tous, contre des chefs indignes ?

Vous n'avez pas le droit de maintenir sur nous
L'épée de Damoclès qui soudain va s'abattre.
Malgré vos garanties nous serons à genoux
Dans la faim et la soif au fond des eaux saumâtres.

Vos experts ont fixé notre calendrier :
Pour les plus exposés, c'est la mort immédiate,
Plus loin quelque sursis pour des morts à moitié,
Et puis d'affreux cancers à plus lointaines dates.

C'est le seul avenir que vous nous promettez
Si vous n'arrêtez pas vos funestes centrales.
Qu'importe l'énergie si la vie vous ôtez,
Qu'importe le confort quand on est sous la dalle.
Vous n'avez pas le droit de tout sacrifier
Vous n'avez pas le droit.
Nos vies nous appartiennent !
A vos promesses nous ne pouvons nous fier,

SI BUGARACH M'ÉTAIT CONTÉ...

Il est grand temps d'agir pour éviter la haine.

Si non, vous le savez, bien des calamités
Que vous aurez causées seront inéluctables.
Votre crime avéré contre l'humanité
Vous devrez le payer. Une fin misérable
Suivra le jugement. Désormais votre nom
Sera joint aux auteurs des plus affreux supplices,
Les noms des grands tyrans, ces tragiques démons
Que toujours et partout les survivants maudissent.

EN GUISE DE CONCLUSION :
MERCI, NOBLE BUGARACH !

Il ne me paraît pas possible de conclure autrement que par un point d'interrogation.

Les évènements ont la parole tels que nous les subirons, tels que nous les préparerons peut-être.

Et le Bugararch sera toujours là, immobile, imperturbable, dans sa majestueuse et silencieuse mais éloquente immobilité.

S'il pense, que pense-t-il de toute cette agitation autour de son Pic ? Il recelait déjà bien des énigmes et bien des mystères. Toute la région qu'il domine vibre dans une même ambiance de faits étranges et de symboles qui se prêtent à de multiples et ambivalentes interprétations.

Ce n'est pas le fruit de naïves élucubrations, mais l'observation objective d'évènements récents et l'étude des péripéties de l'Histoire qui semblent accumuler des zones d'ombre depuis les rivages de la Méditerranée jusqu'aux vastes territoires qui abritèrent les trésors de l'Occitanie.

Semblable à une sentinelle qui veille et conserve la mémoire du lieu, le Pic du Bugarach est comme une aiguille d'acupuncture plantée sur le méridien des énergies passées et de celles à venir. Qu'importe tout ce qui est dit et écrit à son propos. Il garde et préserve ses secrets que les rumeurs non identifiées prétendent révéler sans rechercher la moindre parcelle de vérité. Que ces rumeurs perturbent des populations sensibles et vulnérables, qu'elles réveillent des peurs ancestrales ou qu'elles créent plus d'inconvénients que d'espoirs, c'est une évidence. Mais elles ont tout de même des côtés positifs.

Sans cette vague de rumeurs pareilles à un tsunami médiatique, je n'aurais probablement pas entrepris de raconter tous les évènements étranges qui jalonnent le temps et les lieux de cette belle région qu'est le Razès. J'ai éprouvé un réel plaisir à me remémorer des faits dont j'ai parfois été acteur et souvent témoin et de vous faire participer à quelques unes de mes recherches.

J'ose espérer que vous aurez lu tous ces récits, que vous connaissiez peut-être, ou que vous avez découverts, avec le même plaisir que celui que j'ai ressenti en les écrivant pour vous.

Je me dois de remercier « le noble Bugarach » de m'avoir offert cette opportunité.

Il m'a aussi permis d'exprimer des idées qui sont les miennes. Je n'ai pas la moindre intention de les imposer, mais elles me paraissent pouvoir être utiles pour une compréhension différente face aux déferlements d'informations, de désinformations et de commentaires de toutes sortes.

C'est avec sincérité que j'ai abordé tous ces sujets et avec un souci d'objectivité et de recherches saines dans un cheminement quelque peu tortueux vers, comme l'a dit Jacques Brel, une « inaccessible étoile » que je qualifierai d'inaccessible vérité.

Les confrontations avec « l'étrange » et les investigations dans ce domaine ne me font pas négliger les réalités de notre quotidien. Notre époque nous impose bien des contraintes, mais elle nous permet de rêver. Ces rêves, lorsqu'ils sont basés sur des espoirs majeurs, ne sont pas à considérer comme reflétant des possibilités incontestables. Rêver, oui, mais en restant lucides et conscients.

Nous laisser accaparer par des rumeurs de « fin du monde » n'est pas une situation confortable. Il est important de rechercher les origines de ces rumeurs et de ne pas se fier aveuglément aux déclarations apparemment savantes de ceux qui les utilisent. Leurs conclusions peuvent faire des naître des peurs et « la peur est mauvaise conseillère ». Je crois que des informations, des prophéties et des « interprétations » affirmées avec légèreté entraînent des croyances qui peuvent être dangereuses.

Plutôt qu'une peur basée sur le fait de croire à un futur qui n'a pas été précisé, il me paraît préférable d'entretenir des sentiments d'espoir. Heureusement qu'ils interviennent, sinon ce serait désespérant.

Mais quand cet espoir a pour base un sauvetage dont les descriptions tiennent plus de la « science fiction » que de raisonnements basés sur des recherches sérieuses, qu'elles soient scientifiques ou ésotériques, le fait d'attendre sa réalisation confine à la résignation.

Quand nous observons les évènements qui se succèdent sur notre planète, nous avons des raisons d'être inquiets, c'est vrai. Les catastrophes naturelles semblent confirmer notre entrée dans une période de grands bouleversements. La convergence des « prophéties » en accord avec les observations des scientifiques désignent notre présent et notre futur proche depuis très longtemps.

L'humanité a plusieurs fois subi des épreuves tout aussi importantes et elle a survécu. Elle s'est adaptée, et c'est ce à quoi nous devons nous préparer sans céder à la panique, au désespoir ou à l'inefficace résignation.

Nous savons que les techniques de nos industries constituent des menaces tout aussi importantes en accélérant les processus de dégradation climatique, d'installation dans de faux conforts au détriment de nos conditions de vie et de santé, de modifications subtiles et négatives au niveau de l'essence même de la vie en ce qui nous constitue.

Autrefois, nos ancêtres voyaient le danger et s'efforçaient de se prémunir. Aujourd'hui, ce danger bien plus perfide nous atteints masqué, sous des apparences de confort. Il nous envahit d'un invisible poison « inodore, incolore et sans saveur ». L'hypocrisie d'intérêts qui nous dépassent mais qui nous gouvernent réussit à nous rassurer par des mensonges qui se succèdent et dont ils parviennent à effacer les souvenirs. Comme pour « le nuage de Tchernobyl », il y aura toujours des frontières pour nous protéger...

Alors des rumeurs se propagent venant on ne sait d'où. Elles n'envisagent pas la moindre responsabilité de nos contemporains et préfèrent responsabiliser les Mayas, ce peuple éloigné dans le temps qui aurait annoncé notre destruction. Les médias se focalisent sur ces annonces et leur conséquence qui serait ni plus ni moins que « la fin du monde ». Sans que l'origine d'une information complémentaire soit connue, et pour éviter un risque de panique, une possibilité de survie est annoncée.

C'est là que nous avons vu intervenir le Bugarach. Ce serait lui notre sauveur, lui qui permettrait à ceux qui trouveraient refuge sur ses pentes, au bon moment, d'être épargnés et d'être sauvés. Les versions de ce sauvetage sont nombreuses selon les croyances qui ne se basent dans la plupart des cas que sur « la foi du charbonnier ».

Le Bugarach est resté impassible. Comment pouvait-il faire autrement ? Il savait que sa promotion était assurée. Lui qui n'était connu que de quelques « initiés », devenait brusquement une vedette mondiale.

Il lui fallait dans un premier temps supporter ces envahisseurs qui lui racontaient en plusieurs versions sa propre histoire... qu'il ne connaissait probablement pas.

Ce fut un peu son chemin initiatique. Après une fin du monde annoncée qui n'a attiré que des centaines de journalistes déçus (de la presse écrite des radios et des télévisons), alors que ces médias qui prétendent nous informer attendaient la foule des réfugiés ou peut-être des « petits hommes vets » ; le calme est revenu, Un calme qui n'avait été interrompu que par ces médias perturbateurs. Les touristes, ni plus ni moins nombreux, viennent de toutes les régions du globe pour fouler le sol de cet étrange sauveur. Il se peut que des guides les promènent dans la région en racontant des histoires extraordinaires, toujours plus fantastiques. Peut-être même feront-ils le récit du sauvetage de l'humanité réalisée dans un lointain passé par l'intervention du Bugarach...

Et voilà que je rêve moi aussi... et j'en suis conscient.

Puisse ce rêve participer à renforcer la renommée grandissante du sauvage et splendide Bugararch dans sa grandiose réalité.

Et qu'il incite aussi de nombreuses personnes venant d'un peu partout à visiter et à connaître ces belles régions de France que sont le Razès et toutes les terres qui ont abrité d'incomparables civilisations dont on a retenu un nom : « l'Occitanie ».

UNE CIVILISATION ANÉANTIE PAR UN SORDIDE GÉNOCIDE

Le Bugarach domine une partie de la région qui connut la prospérité de l'Occitanie et le développement du catharisme. A notre époque on la présente comme étant « le pays cathare » ; mais il n'en reste que les cicatrices des châteaux et autres lieux qui abritèrent les cathares lors de l'invasion des croisés du Nord.

Le prétexte de défendre la chrétienté leur permit de s'approprier les richesses d'une région qu'ils appelaient « le pays de cocagne ». Ils le firent avec la cruelle intervention de la puissante « Sainte Inquisition » sous les ordres du roi de France et de la papauté.

Les ruines et les hauts lieux qui jalonnent l'ancienne Occitanie sont les témoins de ces époques qui avaient connu la douceur de vivre et les troubadours. Elles méritent d'être abordées avec le respect de ce souvenir car elles restent des « vestiges actifs de forces intemporelles »

Cet ouvrage abondamment illustré vous guidera pas à pas sur chacun de ces hauts lieux pour vous faire communier avec leur mémoire intemporelle.

Au cœur du Moyen-Âge, le paisible peuple d'Occitanie constituait une société ouverte qui accepta et abrita les adeptes du Catharisme. Les guerriers du nord, sous le prétexte de défendre la religion catholique, envahirent cette région dont ils convoitaient les richesses. Ils ne laissèrent que des ruines, vestiges d'une spiritualité dont ce livre vous révèle les mystères.

Table des Matières

Editions Les 3 Spirales - 2007
En collaboration avec Jean Blum

LES POUVOIRS DE LA NATURE
DES DRUIDES A AUJOURDUI
Editions Trajectoire – 2008
LES TEMPLIERS ET LES SECRETS DU GRAAL
Editions Alphée – 2009

LE VERITABLE NOSTRADAMUS
Editions Trajectoire – 2010

APPARITIONS, MIRACLES, GUERISONS
Editions Trajectoire – 2010

JCQUES DE MOLAY (de la gloire au bûcher)
Editions Trajectoire – 2014

TOUTE LA VERITE SUR L'HYPNOSE
En collaboration avec Kamina Brochka
Editions Trajectoire _ 2014

LES HAUTS LIEUX CATHARES
Editions Trajectoire - 2015

D'ETRANGES CONTES HORS DU TEMPS
Edité par l'auteur – 2010

SI BUGARACH M'ETAIT CONTE
Edité par l'auteur – 2011
nouvelle édition complétée – 2015

Autres publications de Charly Samson :

CD enregistrés par l'auteur :
La momie de Venise – Les énigmes de la survie –
Sorcellerie et médecine douce – Envoûtements et Auto-
Envoûtements

Rennes-le Château : Les secrets de l'abbé Saunière – Enigmes et Trésors
Le magnétisme et ses applications – la visualisation pour changer sa vie
SEANCE COMPLETE DE RELAXATION
DVD : EXERCICES DE SOPHROMAGNETISME
par CHARLY SAMSON et KAMINA BROCHKA
Filmés au cours de leurs stages de sophromagnétisme (8 séquences)

Blog de Charly Samson : http://charlysamson.blogspirit.com

Vous pouvez commander les CD et le DVD ainsi que les livres « D'étranges contes hors du temps » et « Si Bugarach m'était conté »
sur le site : http://www.charly-samson.com
co-élaboration des CD et DVD : adisweb.fr – tel : 06.32.64.23.48

STAGES animés par CHARLY SAMSON et KAMINA BROCHKA
Université du Temps Présent – 9 rue Lapérouse 34970 Lattes - utp@wanadoo.fr
Site de l'utp : http://utp-montpellier-lattes.com

Magnétisme et Sophromagnétisme – Hypnose – Maîtrise Dynamique du Mental –
Tarots initiatiques et divinatoires – Numérologie – Interprétation des rêves –Perceptions extrasensorielles – Voyance et boule de cristal

POURQUOI ADHERER A L'ODS

En plus de rassembler toute une « faune de l'espace » passionnée de littératures de l'imaginaire, science-fiction, fantastique, fantasy, etc et tant de chercheurs érudits des univers de l'étrange, l'ODS est une association active qui organise ou coordonne de nombreux événements dans les domaines qui nous intéressent.

C'est un fait que l'activité de publication de fanzines qui était son expression principale à ses débuts a dû être transférée vers notre maison d'édition, EODS, faute de lecteurs assidus dans un secteur qui s'est peu à peu reporté vers le web. Certaines revues ont disparu, d'autres sont nées à cette occasion. Force est de nous adapter au potentiel du lectorat d'aujourd'hui, et nous voilà au XXIe siècle !
Toutefois, tout en nous adaptant, nous tenons, à l'ODS, à préserver cette convivialité qui fut toujours la première motivation de notre existence associative. C'est pourquoi nous poursuivons avant tout l'organisation de rencontres, conférences, congrès, dîners thématiques et autres missions scientifiques autour des thèmes qui nous sont chers. Participer à ces nombreuses activités, les organiser ou permettre à certains invités de venir y présenter leurs travaux, voilà aujourd'hui la vocation de l'ODS. Ainsi, tout au long de l'année, vous êtes conviés à nous rejoindre lors de dîners informels, comme celui du Nouvel Eon en janvier, et toutes sortes de rencontres à thèmes intitulées « on the spot », selon le calendrier de la venue d'auteurs en région parisienne, ainsi qu'à des colloques de haute teneur dont ceux organisés à Rennes-le-Château (ARTBS) ou à Paris comme le Congrès Fortéen, les journées Heuvelmans ou Jacques Bergier, etc, mais aussi à nous rendre visite sur les stands des nombreuses conventions auxquels nous participons. L'organisation de ces événements et la participation de l'association à

ceux organisés par d'autres sont aujourd'hui devenus notre activité principale, car c'est ce qui fait vivre notre univers littéraire et préserve ce caractère unique qui nous plaît. Si certains supports de lecture disparaissent petit à petit au profit de medias plus modernes – du fanzine au webzine, des listes de discussions aux réseaux sociaux, etc. – il reste que nous sommes tous attachés aux livres originaux au format papier, non seulement à l'objet que l'on peut aujourd'hui commander en trois clics, mais surtout à ce qui va autour, c'est-à-dire les rencontres, les discussions, le partage et les possibles collaborations qui s'improvisent au gré des initiatives de nos membres les plus passionnés et, bien entendu, au plaisir de lire !

La participation de chacun à cette fourmillante activité littéraire et autour de la littérature se coordonne le plus simplement possible par le moyen de notre association, et c'est la raison d'être de l'ODS. En y adhérant, et surtout en participant par votre présence et votre concours à ces rencontres, ainsi qu'à la naissance et la réalisation de nouveaux projets, vous nous aidez à prolonger la vie de notre multivers littéraire. Bienvenue à tous et merci pour votre présence !

Emmanuel Thibault, membre du Conseil de AODS.

LES ÉDITIONS DE L'ŒIL DU SPHINX
SARL au capital de 15.245 €
R.C.S. Paris B 432 025 864 (2000 B11249)

36-42 rue de la Villette
75019 PARIS
FRANCE

Mail ods@oeildusphinx.com
http://www.œildusphinx.com
http://boutique.oeilduphinx.com

Tél 09.75.32.33.55
Fax 01.42.01.05.38

Toutes nos parutions sont sur :
http://boutique.oeildusphinx.com